Gunhild Thalheim

We gaan naar Tirol

We gaan naar Tirol

van de Edersee naar de Pillersee

van

Gunhild Thalheim

met tekeningen van

Theresia & Johanna Spiegl

Rediroma-Verlag

Bibliografische Information der Deutschen Nationalbibliothek:
Die Deutsche Nationalbibliothek verzeichnet diese Publikation in der Deutschen Nationalbibliografie; detaillierte bibliografische Daten sind im Internet über http://dnb.ddb.de abrufbar.

ISBN 978-3-86870-988-9

Illustrationen: Theresia Spiegl und Johanna Spiegl

www.rediroma-verlag.de
9,95 Euro (D)

Für meine

Enkelin Lara und Ihren Opa

Voor mijn

kleindochter Lara en haar opa

De auteur:

Gunhild Thalheim, meisjesnaam Jahn, geboren in 1944 in Jena, doorliep na haar Abitur (hoogste schooldiploma in Duitsland) in 1964 een studie in pedagogie in Hamburg. Ze werkte bijna 40 jaar als lerares, op het laatst op de basisschool in Edertal.
Haar eerste boek verscheen in 1979; sindsdien publiceerde ze nog zes boeken. Sinds ze met pensioen gegaan is, laat ze zich ook door de Tiroler bergwereld tot nieuwe verhalen aansporen.

De illustratoren:

Theresia Spiegl, geboren in 1991, woont in St.Jakob im Haus in Tirol. Al sinds jaren is tekenen één van haar hobby's; bovendien houdt ze van muziek – ze speelt "Zither" - , en ze gaat graag wandelen in de bergen.
Nadat ze de school afgesloten heeft, doet ze nu een opleiding op de HBLA in Saalfelden; een hoger opleidingsinstituut voor economische beroepen.

Johanna Spiegl is 19 jaar en woont ook in St.Jakob im Haus; ze ging ook net als haar zus eerst naar school in Fieberbrunn, en daarna ook naar de HBLA in Saalfelden. Sinds augustus 2008 werkt ze als digitale office-assistent bij een drukker in Kitzbühel.
Behalve het creatieve tekenen zijn haar hobby's de akkordeon en zwemmen.

Inhalt

We gaan naar Tirol

„Laaaraa! Luuucyy! Hoe ver zijn jullie?“

Opa’s harde stem is door het hele huis tot in de kinderspeelkamer in de kelder te horen.

„We zijn zo klaar, opa!“, roept Lucy, en Lara schreeuwt: „Mijn koffer kan niet dicht“

Opa staat al bovenaan de trap. Ga er maar opzitten, lieverds. Dat helpt echt!“, vindt hij.

Daadwerkelijk, - met veel kracht krijgen ze Lara’s grote koffer dicht.

De meisjes slepen hun bagage in de garage.

„We zijn klaar, papa!“ zeggen ze zuchtend.

„Het wordt ook tijd, dames!“, steunt papa vanuit een berg van tassen, zakken en dozen. Oma legt nog een stapel jassen bovenop het chaos.

„Moet dat allemaal mee“, vraagt mama en komt met de koelbox aanzetten.

„Dat past nooit alles in de auto“. „Maakt niet uit“, grijnst opa. „Dan laten we één van jullie gouden meisjes hier in het Edertal.“ „Nee, die nemen jullie mooi allebei mee!“, vindt papa. „Anders moet er maar één op het dak mee.“

„Was een grapje van opa“, lacht oma. „Jullie zijn toch altijd met z’n tweeën, niet waar? Jullie ouders zijn vast heel verdrietig, als ze jullie twee schatten voor een poosje kwijt zijn.“

„Nou, eigenlijk…“, zucht mama en vecht met haar tranen.

„Of ik er wel aan kan wennen om ineens kinderloos te zijn?“ Lara en Lucy nemen haar troostend in hun armen.

„Je hebt toch nog papa. En we komen weer terug“, belooft Lucy. „En jullie komen ons gauw opzoeken“, zegt Lara, die ook de tranen al in de ogen heeft. „Dat wordt helemaal geweldig!“

Twintig minuten later heeft papa een wonder volbracht en alles in de auto gepakt; zelfs de kinderen passen nog op de achterbank. De honden moeten helaas met een grote doos in de kofferruimte van de auto.

„We stoppen wel wat vaker“, zegt opa. „Honden en kinderen komen de dag in de auto echt wel goed door!“

Na tien minuten afscheidskussen, honderd waarschuwingen van mama en papa, een paar dikke tranen ook bij Lucy en papa, zitten eindelijk alle reizigers kant en klaar in de auto. Opa kan de auto starten.

„Hebben jullie niks belangrijks vergeten?“, vraagt hij. „Na Fritzlar wordt er niet meer omgekeerd“. De kinderen giechelen en zwaaien nog een keer. De honden blaffen opgewonden.

„Dag Edertal!“, roept oma, als ze op de landweg naar Wellen afslaan. „We gaan nu naar de bergen.“

„We gaan naar Tirol! Naar het mooie land Tirol!“, zingt Lucy.

Lara zingt mee:“Daar hebben we plezier, in het mooie land Tirol hier…“

„Nou, laten we het hopen!“, zegt opa morrend. „Anders hebben we pech gehad. Maar mijn lieverds zijn overal thuis, als opa erbij is, klopt dat?“

Hij voelt zich niet helemaal op z’n gemak bij de gedachte, zijn kleindochters voor meerdere weken van hun thuis mee te nemen. Gelukkig zijn ze erg opgewekt en ze verheugen zich op hun vakantiehuis. Maar hoe lang blijft deze vreugde?

„Hé, jullie twee“, onderbreekt oma zijn gedachten, „ gaat alles goed?“ „Tuurlijk omaatje!“, antwoorden twee opgewekte stemmen.

„Wow, zes weken geen school!“, verheugt Lucy zich en omhelst haar zus. „ Jippiiieee en hoeraaaaaa!“

Tot de oprit van de snelweg bij Homberg kletsen de meisjes als een waterval en maken vast geweldige vakantieplannen. Tot Fulda doen ze wie er het beste kan zingen.

Dan wil Lara weten: „Hoe ver is het nog, opa?“

Lucy vraagt: „Wanneer zijn we er eindelijk?“ Opa mompelt iets: „Het duurt nog wel een poosje!“. Oma vult aan: „Jullie moeten nog wel een paar uurtjes geduld opbrengen, meisjes.“

„Iene miene bomen, laat ons snel naar Waidring komen! Iene miene toverkunst kom, dan is de reis naar Waidring heel snel om!“, mompelt Lucy en trekt de draagbare cd-player uit de reistas. Heel stil luisteren de meisjes naar de CD. Eerst vallen bij Lara de ogen dicht en ook Lucy slaapt al gauw. Opa trapt goed op het gaspedaal en maakt gebruik van de rust in de auto, om snel verder te komen.

Net voor Nürnberg rekt Lucy zich uit en gaapt: „Opa, ik moet nodig!“

„Houd je het nog een paar minuten vol, lieverd?“ vraagt oma als ze zich naar de meisjes omdraait. „We maken zo even een tussenstop voor de middag. Hebben jullie lekker geslapen, slaapmutsen?“

Lara doet haar ogen open. „Oh ja, middageten. Ik wil graag spaghetti!“

„Ik moet naar de wc!“, moppert Lucy. „Jij denkt altijd alleen aan eten!“

„Helemaal niet!“, gaat Lara er tegen in. „Ik moet ook eerst naar de wc.“

Ze zien al gauw het blauwe verkeersbord: „Rasthof Feucht 5 km“

„Wordt ook tijd“, zucht oma. „Ik ben al helemaal stijf van het zitten“.

Ze maken een lange pauze. De honden worden uitgelaten en krijgen te eten en te drinken. Maar ze hebben geen honger, - alleen maar grote dorst.

„We hebben al ruim de helft erop zitten,“ vertelt opa, als ze weer allemaal in de auto zitten.

„Waaat? De helft pas?“, steunen de kinderen.

Maar de tweede helft van de rit gaat heel snel om.

Er is zoveel te zien. Oma wijst uit het raam, als er een bezienswaardigheid te zien is.

Lucy stelt voor, om caravans te tellen. Lara begint met grappige autokentekens woorden en zinnen te dichten.

Tijdens de hele rit was de hemel bewolkt, maar in München komt de zon iets door de wolken.

„Alle ogen naar rechts!“, zegt opa, als hij richting Salzburg afslaat. „Zo meteen zien jullie iets vonkelen.“

„Mooi!“, zegt Lucy bewonderend. „Dat glinstert net als grote edelstenen.“

Zonnestralen zetten het gigantische dak van de ‚Allianz-Arena’ in het licht.

„Gaan we daar ook een keer naartoe?“, stellen de kinderen voor. „Zo’n megastadion is vast geweldig.“

„Misschien, - als we een keer zin krijgen om naar München te gaan“, vindt opa. „Wie weet…“

„Hoe lang duurt het nog?“, wil Lara weten.

„Een goed uur nog“, vermoedt oma. „Als we geen file bij Irschenberg hebben.“

„Nee joh, - denk er maar liever niet aan!“, zegt opa. Maar al na een paar kilometer zien ze vooruit al de opvallende rode remlichten.

„Daar zaten we nog op te wachten!“, moppert opa. „Willen ze vandaag allemaal vanuit München de bergen in?“

Plotseling wijst oma opgewonden vooruit: „Kijk eens, daar zijn ze!“

„Wie?“, vraagt Lara. Lucy lacht: „De bergen natuurlijk, zusje!“

„Dat zijn alleen witte wolkenbergen“, plaagt opa.

„Tuurlijk! Daar boven! Maar eronder dat zijn echte bergen!“, verbetert Lucy.

Ze zijn dit stuk al wel vaker gereden met opa en oma, maar het opdoemen van de blauwachtige silhouetten aan de horizon is iedere keer weer een reden om te juichen.

„We zijn er al gauw. Jippie en hoera!“, juicht Lucy.

Als op commando zet zich de lange rij auto's in beweging.

„Stop-and-go kruipen we over de berg“, constateert opa. „Hopelijk niet tot aan het Inntal-Dreieck!“

Amper hebben ze de Irschenberg achter de rug, gaat het weer vlot verder.

„Ach, die mooie alpenhuizen“, verheugt zich oma.

Opa glimlacht: „Ik zou het gewoon missen, als je het niet bij iedere rit weer zou zeggen, mijn liefje.“

„Nou en, - is toch waar“, mokt oma. „Zien die heerlijke boerderijen in de alpen er niet veel interessanter uit als die saaie huizen onderweg?“

„Ja, oma heeft gelijk“, vindt ook Lara. „Zo veel hout! En aan alle balkons hangen bloemen.“ „Die passen er echt goed bij“, vult Lucy aan. „Zonder die bloemen zou het er maar saai uit zien.“

„We rijden zo meteen over de grens, lieverds“, zegt opa. Ze kijken uit naar een groot blauw bord. Lucy spelt: „OBERAUDORF – NIEDERNDORF. Jippie en hoera! Eindelijk zijn we er!“ Opa geeft richting aan en zucht opgelucht. Oma verheugt zich: „Gauw van de snelweg af. Gelukkig zijn we er zo goed doorgekomen. Over een half uurtje hebben we het gered, lieverds!“

Net in Oostenrijk aangekomen, zet opa de auto aan de kant van de weg en zet z’n mobieltje om, zodat hij in het buitenland ook kan bellen. Oma moet eerst nog even in het Edertal doorgeven: „Hallo, over een paar minuten zijn we weg uit Old Germany!“

Mama en papa kunnen het bijna niet geloven, hoe ver ze al zijn.

Lara kijkt op haar horloge en telt op haar vingers af: „Half acht vertrek, ….nu is het half twee, ….dus zes uur. Is dat lang?“

„Best lang, maar toch een goeie tijd. We hebben er vaak veel langer over gedaan“, vertelt opa. “Jullie lieverds brengen ons waarschijnlijk geluk. Nu nog de eindspurt met het supersnelwegteam!”

In de tussentijd zitten ze al midden tussen de hoge bergen. De kinderen kunnen er niet genoeg van krijgen.

De hemel is stralend blauw met kleine wattebolletjes.

“Dat is vakantieweer!”, verheugt zich Lara.

“Natuurlijk, extra voor ons!”, straalt Lucy met de zon alsof het een weddenschap is.

“Hebben we toch ook wel verdiend!”

Ze maakt de haren van Lara helemaal door elkaar.

“Ik wel!”, grijnst Lara en doet hetzelfde bij Lucy.

Iets verder vooruit zien ze ineens het verkeersbord met de plaatsnaam WALCHSEE.

De promenade langs het meer is overvol met toeristen.

“Wow, water! En hoe groen het is!”, juichen de kinderen. “Mogen we even zwemmen?”

“Ik vermoedde het al”, steunt opa. “Helaas voor vandaag afgewezen. We gaan nu eerst in een ruk door naar huis, en zo is het!”

“Jullie zwemspullen zitten toch in de koffer”, troost oma. “Maar jullie waterratten kunnen nog genoeg zwemmen. Maar het zwembad in Waidring wacht al op jullie. En we gaan ook gauw naar de Pillersee, beloofd!”

“Morgen?”, willen die twee meteen weten.

“Afwachten, rakkers!”, bromt opa en gaapt, terwijl hij de auto naar Kössen stuurt.

“Kijk eens! Daar boven!” Oma wijst uit het raam.

“Jeetje, dat zijn minstens twintig deltavliegers”, is Laura verwonderd. “Als ze maar niet tegen elkaar aan stoten in de lucht!”

“Onzin!”, vindt Lucy. Dat is echt waanzin. Het ziet er geweldig uit! Zoiets zou ik ook graag een keer proberen. Zo hoog door de lucht zweven, dat moet gigantisch zijn!”

“Nee, dankjewel, zonder mij”, weert Lara af. “Ik zou sterven door de angst om jou.”

“Ach, Larakind!”, grijnst Lucy en geeft haar zus een kus.

Lara en Lucy Goldmann, opa’s lievelingen, lijken zo erg op elkaar. Zelfs vrienden verwisselen de tweeling vaak.

Lara heeft in de nek een moedervlek, die verstopt zit onder haar lange rotbruine haren.

Het piepkleine tovenaars-litteken op Lucy haar slaap verdwijnt meestal net onder haar ponyharen.

Wil je dus graag weten, wie welke Goldmanntweeling is, moet je de haren even aan de kant doen of je laat ze met de rug tegen elkaar aanstaan. Lucy is namelijk net iets groter dan Lara. Alhoewel de tweeling wat betreft hun eigenschappen erg op elkaar lijken, zijn er twee karakteristieke verschillen:

Lucy is een echte wildebras. Ze had heel goed als “Luca” geboren kunnen worden. Lara is meer terughoudend en wat dromerig.

Wiskunde en sport zijn de lievelingsvakken van Lucy. Op Lara haar rapport staat meestal een goed cijfer bij Duits en kunst.

Natuurlijk zijn die twee onafscheidelijk, om het maar zo te zeggen. Bijna altijd!

Lucy helpt Lara bij de opgaven van wiskunde en Lara oefent met haar tweelingzus hoe je een goed verslag kunt schrijven.

Op school zat de Goldmanntweeling altijd naast elkaar.

De leraar riep gewoon “Lara-Lucy!” en was blij als beide meisjes konden antwoorden.

Tot op een dag, als Lara wanhopig bij haar wiskundeproefwerk zat en niet meer verder wist met de deelopgaven. Op Lucy haar blad stonden al lang alle goede antwoorden.

Terwijl Tom de lerares naar zich toehaalde om iets te vragen, hoorde je ineens heel zachtjes twee stoelen schuiven...

Lara scheen heel plotseling alles te weten en rekende – heel snel – tot alle opgaven klaar waren. Lucy vroeg intussen heel onschuldig aan de lerares:

“Kan ik naar de wc gaan?” Ze fronste, omdat het sowieso gelijk pauze zou zijn, maar de tweeling stond al bij de deur...

Als de lerares de proefwerken thuis controleerde, was ze erg verbaasd.

Lara en Lucy hebben namelijk erg verschillende handschriften.

Daarom moest Lara het proefwerk nog een keer maken.

Maar gelukkig pas nadat Lucy de deelopgaven met haar zusje nog hard geoefend had.

Sinds die tijd geldt voor de tweelingen een bijzondere regel: minstens drie tafels afstand tussen hun beiden en verschillende t-shirts en haarbandjes. Zeker bij wiskunde.

Overal zijn bergen

Als opa bij de kruising bij het oude restaurant in Erpfendorf afslaat, roept Lucy opgewonden:

"Ik zie de Steinplatte! We zijn er! Jippie en hoera! Eindelijk zijn we er, mijn lieve La!"

Ze wiebelt zo opgewonden op haar plaats, dat de honden oorverdovend beginnen te blaffen.

"Stil, druktemakers! Jullie moeten je nog even een paar minuten stil houden", moppert opa en je merkte dat de reis hem nu toch op de zenuwen werkte.

Na vijf kilometer wees de wegwijzer naar rechts: PILLERSEE – WAIDRING.

Stralend in de zon begroet ze de vakantieplaats aan de voet van de "Loferer Steinberge".

"Hoera! Hoera! De Goldmanns zijn er!", zingt oma en draait zich naar de kinderen om. "Het is ons gelukt!"

"Daadwerkelijk, - ik ben echt op! Totaal!", knort opa. "Ik heb echt genoeg. Ik rijd vandaag geen meter meer".

Met de laatste energie rijdt hij de auto de oprit in.

"Dat is geweldig, om weer hier te zijn. Nu begint de vakantie pas echt," juicht Lucy en strekt haar hand naar haar zus uit.

Lara geeft een klap op de hand. "Op een megavakantie, mijn Lu!"

"Tuurlijk! Op een topvakantie, mijn La!"

"Nou, dan welkom in Tirol, lieverds!", lacht oma.

Zoals altijd moeten de kinderen en de honden eerst ieder hoekje in huis en in de tuin in bezit nemen. Daarna wordt de auto uitgepakt. De meisjes slepen hun spullen naar de logeerkamer.

Lucy laat zich op het bed vallen en zucht: “Jee, voel ik me nu op m’n gemak!”

Oma kijkt even om het hoekje van de deur en zwaait met een vriesboxje. “Wie wil er als welkomsgroet een beetje citroenijs?”

Snel zitten ze aan de grote tafel in de wintertuin. De glasdeuren hebben ze helemaal open geschoven en ze proeven van de koude lekkernij. Ze verheugen zich over de bont gekleurde bloemenwei, die zich uitstrekt vanaf het hek tot aan het bos.

“Mooi hè, dat ze nog niet hebben gehooid”, vindt opa.

“Een bloeiende bergwei is echt een genot. Nou, ik doe even een lekker dutje in de ligstoel en geniet van de eenmalige geur. Jullie oma zal eerst wel haar lievelingen uitlaten.”

De lievelingen op vier poten staren aan het hek naar de katten van de buren. Die moeten het gelijk maar weten: Hier is weer leven in huis! Kom maar niet te dicht bij, brutale beesten!

“Je hebt helemaal gelijk, lieve schat!”, lacht oma.

“Wie gaat er mee naar de beek? Uitpakken kunnen we later. Honden en kinderen waren lang genoeg opgesloten.”

“Oh ja, water! Super!” De tweelingen flitsen naar de honderiemen.

Met z’n vijven lopen ze in de richting van de beek.

Balu, de reu, trekt oma achter zich aan en hij heeft veel haast. Sonny snuffelt liever aan het draad rondom de wei, maar Lara trekt de hond mee.

Aangekomen bij de dam laat oma de honderiem los. Blaffend rent Balu naar het water. Gauw pakt hij een stuk drijfhout en sleept het tot de kinderen voor hun voeten. Afwisselend gooien ze het stuk hout in de beek.

Sonny springt er ook achteraan en pakt het stuk hout aan het vrije einde. Balu knort verontwaardigd. Aan elk eind van de stok trekt een hondebek.

“Die gaan helemaal uit hun dak”, zegt oma blij.

Ze heeft haar sandalen uitgetrokken en plenst door het water. “Ho, wel koud! Dat doet goed!”, roept ze.

Nu hebben ook de kinderen de schoenen gauw uitgetrokken en voelen voorzichtig met de tenen in het koude bergwater.

“Daar heb ik me de hele dag al op verheugd!”, juicht Lucy.

Lara moppert: “Au, die rottige stenen! Morgen ga ik alleen nog met waterschoenen in het water.“

“Je bent veel te gevoelig. Stel je niet zo aan!”, lacht Lucy haar uit en spettert haar vrolijk nat.

Lara schreeuwt: “Viezerd!” en spetter hard terug.

Balu blaft eisend. Wil niemand z’n stok gooien?

Oma heeft medelijden: “Loop, lummel!” Met kracht smijt ze de stok over de stenen en de hond loopt er hard achteraan.

Sonny is midden door de beek gelopen en klimt aan de andere kant weer uit het water. Daar ruikt het heel aanlokkelijk naar de resten van braadworst van het Waldfest van de brandweer in het afgelopen weekend.

Daar waren ze helaas niet bij, omdat in Hessen de vakantie niet op tijd was begonnen.

“Sonny, vreetzak, kom weer terug!”

Oma kan roepen en fluiten wat ze wil. Het hondevrouwtje denkt er niet aan om gehoorzaam te zijn. Mopperend rolt oma haar broekspijpen tot boven de knie op en wankelt door de stroming. Bijna gleed ze op de gladde stenen uit.

“Wacht maar, rotbeest! Voor straf moet je aan de lijn!”

Eigenwijs laat Sonny zich meetrekken door de beek en oma stapt met natte broekspijpen uit het water.

“Één – nul voor jou, sluwe vos!”, lacht ze.

De tweeling vindt intussen mooie gekleurde stenen, -roodachtige, groene, gele en zelfs blauwe met een patroon erop.

“ Zullen we een stuwdam bouwen?”, stelt Lucy voor.

“Morgen”, zegt oma. “Het wordt tijd om naar huis te gaan”

“Ach, omaatje, nu al?”, bedelen de meisjes.

Oma blijft erbij. “Genoeg voor vandaag. Morgen is er ook nog een beekdag en overmorgen zeker. We moeten eerst maar eens iets warms eten.”

Ze trekken de gymschoenen weer aan. De sokken doen ze in de broekzak van de spijkerbroek.

“Morgen nemen we handdoeken mee,” mompelt Lara. “Met steentjes in de schoenen is het echt rottig.”

Bij de brug naar de Hackenschmiede moet ze gauw even kijken, hoe snel het grote waterrad draait. Lucy wil naar de forellen kijken. Ze buigen over de borstwering van de brug en turen geconcentreerd in het heldere water van de Ache.

“Daar! Ik zie er één!”, roept Lara en wijst naar beneden.

Balu springt nieuwsgierig tegen de borstwering op.

“Gekkerd, sinds wanneer vind jij vissen leuk?”, lacht oma. “Dat zijn geweldige vissen. Wacht maar, binnenkort brengen we brood mee.”

Opgewonden kijken ze nog even naar de voorbij ruisende schaduwen over de grote stenen, tot oma aandringt om naar huis te gaan.

Als ze bij de buren voorbij gaan, zien ze de buurvrouw net bloemen water geven op het balkon. Ze zwaait vrolijk naar ze. “Hallo allemaal met elkaar! Leuk, dat jullie er weer zijn! Straks kom ik even naar jullie toe, als ik met de bloemen klaar ben...”

De rest van wat ze zegt, is niet meer te horen, door een lange gele vrachtwagen met knalrode letters, die net voorbij rijdt.

Angstig drukken de honden tegen oma’s benen. Aan dat lawaai moeten ze eerst weer wennen.

“Hallo, Marianne!”, schreeuwt oma. “Tot straks!”

Ze bewonderen de bonte geraniums, waarvan de bloemen ver over het balkon heen hangen.

“Wat moesten we nou zonder Marianne?”, zegt oma en wijst naar het huis. “Onze bloemen zien er ook zo prachtig uit. Bij die hitte hebben ze vast iedere avond goed wat water nodig.”

“Nu kunnen wij in haar plaats de bloemen water geven,” belooft Lara.

Ze houdt van planten en oma weet: bij Lara zijn haar geraniums in goeie handen. Want als het mooi weer is, moet er water gegeven worden, zodat ze net zo mooi zijn als de bloemenpracht aan de andere huizen in Waidring . Dat betekent iedere avond een paar gieters water uit de regenton halen. Oma is blij als er een paar vrijwillige helpers zijn.

Vandaag eten ze ter begroeting Pizza uit het vriesvak. Door het bezoek aan de beek hebben ze honger gekregen, alhoewel Lara na al het reisproviand eigenlijk drie dagen niks meer wilde eten. Van haar Hawaipizza blijft maar een klein puntje over. Dat mogen de honden dan delen. Gretig slokt Balu zijn stukje op. Niet alleen kinderen en volwassenen vinden pizza lekker!

Bij dit heerlijk milde weer wil opa zijn toetje op het balkon genieten.

“Dit heerlijke uitzicht over het dal heb ik gemist”, vindt hij en gaat lekker op z’n stoel zitten. In de schaduw is het net lekker koel.

Het tegenoverliggende gedeelte van het dal ligt nog goed in de zon.

“Overal zijn bergen, waar je ook naartoe kijkt,” zegt Lara. “Kijk eens! Daar boven ligt een draak van rotsen.” Opgewonden wijst ze naar de Steinplatte.

“Zelf een draak! Met zeven koppen!” Lucy tipt met haar vinger op haar voorhoofd.

Maar ook oma herkent Lara's draak en ontdekt: "Hij heeft zelfs een oog."

Lucy kijkt nog een keer heel precies en laat het ook aan opa zien: "Zie je die lange staart met schubben?"

"Nou, die heeft hij natuurlijk wel nodig, als hij het dal goed wil bewaken. En op die grote vent, die achter hem op de Sonnwendkette uitgestrekt ligt te slapen, moet hij ook oppassen."

Daadwerkelijk! De randen van de rotsen zien eruit als een geweldige kop met hals en schouders, een lichaam met lange benen en voeten eraan.

"Of die twee ook ooit wakker worden?", peinst Lara.

"Tuurlijk! Maar pas over duizend jaar," meent Lucy. "Dan zijn wij al engeltjes, La!"

"Ik misschien wel," zegt Lara. "Bij ene Lu weet ik het niet helemaal zeker!"

"Jullie hebben problemen, kinderen! Geniet liever van de heerlijke avond! Ach, het is hier gewoon bombastisch!", zucht oma.

"Net als in een vakantiefolder," stelt Lucy vast. "Alleen nog veel beter, omdat het echt is!"

"En we hebben vakantie!" Lara rekt zich uit op de ligstoel. "Zes hele weken niks als vakantie. Van 's morgens tot 's avonds."

"En in de nacht?", grijnst Lucy. "Dan oefen jij de opgaven voor wiskunde."

"Wat dacht jij dan?", geeft Lara contra. Ze snuffelt: "Hoe lekker het in Waidring altijd ruikt. Naar weiden en heel veel koeien, paarden en schapen en vers hooi."

"Toch een beetje anders als bij ons in Edertal," snuffelt nu ook Lucy.

“Dat is de gezonde lucht hier in de bergen.” Oma ademt diep. “Die is namelijk bijzonder goed voor onze longen. Ik kan er niet genoeg van krijgen.”

Een groep fietsers fiets voorbij.

“Ja, fietsen!” Lucy heeft er gelijk zin in. “Kun je onze fietsen uit de schuur halen?”

“Ja, alsjeblieft, lieve, beste opapa!”, slijmen de meisjes.

“Een heel goed idee, mijn sportieve meisjes”, gromt opa moe. “Als dat idee nou tot morgen kon wachten.”

“Ach, opaatje, beweging is ontzettend gezond na al dat domme zitten op school,” weet Lara en Lucy vult aan: “Dat zeg jij altijd, als we televisie willen kijken.”

Opa gaapt: “Vandaag is jullie opa veel te moe van de lange reis. Een beetje medelijden voor opa en jullie kunnen ook een rondje gaan hardlopen als jullie nog zo fit zijn, lastposten!”

“Doen we dat, zusje?”, vraagt Lara.

“Tuurlijk”, knikt Lucy en trekt Lara uit de ligstoel. “Kom op, kleine! Een heel Hausberg-rondje.”

Oma vindt het idee wat minder. “Jullie twee om die tijd nog alleen in het bos? Blijf maar liever in het dorp. Die Hausberg-tour doen we dan morgen vroeg met de honden, okay?”

“Ach oma, ons neemt toch niemand mee,” pruilt Lucy.

“En wie jullie meeneemt, brengt jullie vast ook gauw weer terug”, lacht opa. “Maar ik moet oma gelijk geven. Hup, weg met jullie! Één keer dorp en terug!”

De tweelingen draafden langs de kerk en het kerkhof, langs de basisschool en het muziekpaviljoen. Bij de sportwinkel Kienpointner kijken ze naar de wandeluitrustingen en dan lopen ze verder naar het dalstation van de gondelbaan. Ook in het Biatron, de reuzegrote witte tentoonstellings-ballon, willen ze naar binnen kijken, maar de deur is al dicht.

“Pech!”, vindt Lara. “Dan moeten we morgenochtend nog maar een keer komen.”

“Ik verheug me er al op om naar boven te gaan naar de Steinplatte”, hijgt Lucy, als ze langs het restaurant Zardini lopen. “Ik wil weer een keer naar het kruis boven op de berg. En opa heeft ook verteld, dat het Triassicpark bij Kammerkör geopend wordt. Daar moeten we natuurlijk heen!”

“Als papa en mama komen”, puft Lara. “Nu wil ik graag naar huis naar oma en opa.”

“Okay! Over de bergwei van de Hausberg.” Lucy gaat harder lopen.

Op halve hoogte krijgt Lara bijna geen lucht meer. “Oef!”, steunt ze. “Ik ben niet meer zo goed in vorm.”

“Geen probleem! Vanaf nu gaan we iedere avond weer trainen. Kom op, tot aan de waterbron redden we het nog.”

Lucy trekt de hijgende Lara mee.

Het ijskoude bergwater frist heerlijk op.

De kinderen drukken hun armen diep in het water.

“Dat maakt slappe hardlopers weer wakker,” straalt Lucy. “Ik voel me net helemaal nieuw geboren.”

“Luister eens, Lu, de klokken! Dat moet de avondmis zijn”, zegt Lara. “Dat klinkt zo mooi! Je hoort het door het hele dal”

“Van de bergen komt het terug in het dal, - het is net een klokkenecho. Daar krijg ik zo’n heilig gevoel van”, vindt Lucy nadenkelijk.

“Dat heb ik ook”, zegt Lara en vouwt haar handen samen. “Lieve God, dankjewel voor het hier naartoe brengen en ook, dat we hier mogen zijn.”

“En maak er alsjeblieft een geweldige vakantie van met heel veel zon. Amen!”, hangt Lucy er nog acher aan.

Alleen de bergtoppen liggen nog in de laatste zonnestralen. Het dal ligt in de avondschaduw.

“Ik zou hier kunnen blijven tot de maan opkomt”, zegt Lara dweperig.

“Ik ook!. Maar tot die verschijnt, heeft oma de bergwacht al geroepen. Kom, zus, we moeten terug!”

Rustig slenteren de tweelingen de berg af. Oma wou zich al bijna zorgen gaan maken.

Opa had haar getroosd: “In Waidring komt niemand zo gauw van de weg af, lieverd.”

Dan jaagt hij de beide meisjes naar bed: “Anders komen jullie voor het middageten het bed niet uit!”

Gratis morgensport!

Opa's kunnen zich ook vergissen. Iets voor zeven uur verschenen de kinderen de volgende morgen kant en klaar aangekleed, met paardestaart, bij het ontbijt.

"Nou," is opa verwonderd. "Wie heeft jullie uit bed geduwd? Hebben jullie geen vakantie?"

"Zeker," lachen de tweelingen. "En die willen we niet verslapen. Zullen we broodjes gaan halen?"

Ze lopen hard en zo zijn ze in vier minuten bij bakkerij Heigenhauser. De verkoopster is verbaasd, als ze beleefd "goeden morgen" zeggen en een zak vol witte broodjes bestellen.

"Ja, hallo, meisjes," straalt ze. "Zijn jullie weer eens bij ons! Hebben jullie al vakantie?"

Als ze de zak met broodjes over de toonbank heen aanreikt, kijkt ze de meisjes onderzoekend aan: "Kan ook iemand jullie twee meisjes uit elkaar houden? Waarschijnlijk niet eens jullie ouders! Ik geloof, dat ik dat nooit kan leren."

Lucy grinnikt: "Mama en papa roepen gewoon altijd Lara-Lucy en de leraren ook."

"Nou ja, ik wens de beide dames nog een heerlijke vakantiedag! Tot ziens, Lara-Lucy!"

Babbelend draven de "beide dames" langs het postkantoor.

"Jippie, ik ben dit jaar Lara!", grinnikt Lucy.

"Dan ben ik Lucy!", verheugt zich Lara.

Tweeling zijn is echt geniaal, daar zijn Lara-Lucy het helemaal over eens.

Beneden aan de muur van het kerkhof wijst Lucy op een lange rij gekleurde windvanen op hoge stangen. "Hé, wat moet dat eigenlijk voorstellen?"

Ze zien achttien verschillende, gedeeltelijk ook eigenzinnige houten figuren. Daarnaast ontdekt Lara een bordje met de verklaring:

“Dat zijn vanen voor de vrede. Die hebben kinderen uit de vierde klas zelf ontworpen en uitgezaagd. De tekst kun je zelf lezen, lui varken!”

Eensgezind lezen ze het fantastische gezamelijke verhaal en rollen bijna van het lachen over de gekke avonturen van de achttien strijdlustige ridders uit Waidring en de wijze tovenaar Elwin.

“Mooi verzonnen! Groot compliment aan de schrijfwerkplaats!”, vindt Lucy waarderend. “Zoiets moeten we mevrouw Will van handwerken ook maar voorstellen.”

“En dan ook zo’n grappig verhaal verzinnen, waar ook veel vrede in voorkomt,” denkt Lara na. “Daar zou ik best zin in hebben.”

Na het ontbijt lopen ze met oma de ronde voor de honden op de Hausberg. In het bos is het nog aardig fris. Lara bibbert met haar korte broek.

“Zo meteen gaan we de berg op, dan krijg je het zo weer warm,” belooft oma.

Over de smalle weg groeien de wortels van de bomen kriskras tussen de rotsen.

“Oppassen, struikelgevaar!”, waarschuwt Lucy, als ze zelf bijna struikelt.

Oma laat zich door de onstuimige reu de berg op trekken. Hij heeft ontzettende haast. Ze komt bijna niet met hem mee.

Lara heeft Sonny aan de lijn en die wil om de paar meter ergens snuffelen.

“Ouwe teut!”, moppert Lara en trekt de teef verder achter zich aan.

Oma wijst op lichtgevend gele bloemen aan de rand van het weggetje.

"Het zijn net kleine zonnen," zegt Lara.

Oma denkt na: "Heten die niet voorjaarszonnebloem? Of zijn het bergmargrietjes? Arnika is het niet, dat is pas hoger in de bergen te vinden. Ik moet maar eens in het plantenboek nakijken. Onthoud maar hoe de bloemen eruit zien, kinderen!"

Op oude boomstronken groeit mos en heide. Op sommige boomstronken groeit zelfs een kleine spar.

"Zijn dat bosbessen?", roept Lara. "Die zijn vast nog zuur."

Oma zit op de knieën aan de rand van de weg en houdt voorzichtig een klein roze bloemetje tussen de vingers.

"Hé, wat hebben we hier?"

"Is die lief! Ziet er net zo uit als ons Alpenviooltje, maar dan in mini," kan zich Lara herinneren.

"Slim kind", prijst oma. "Dat is er inderdaad één, namelijk een wild alpenviooltje. Je moet heel precies kijken, omdat ze zich heel bescheiden verstoppen. Maar aan de blaadjes kun je ze herkennen."

"Die neem ik mee!" Lucy zit al gelijk naast het wilde alpenviooltje.

"Ben je gek, Lu! Heb je ooit al wel gehoord van de natuurbescherming?", merkt Lara heel ijverig op.

"Ach onzin! Maar één zo'n klein bloemetje! Dat merkt toch niemand..."

"Nee, nee, lieverd!", bemoeit nu ook oma zich ermee. " Zelfs zo'n nietig bloemetje wordt niet zomaar geplukt. We mogen niet eens het hele plantje uitgraven en in onze tuin planten. Dat is streng verboden! Stel je voor, dat iedere wandelaar dat zou doen."

Lucy zwijgt verlegen. Dat had ze zelf ook moeten weten. Nee, ze wil milieu-vriendelijk zijn!

“Au! Verdraaid!” Lara is over een steen gestruikeld. Ze bukt zich en bekijkt hem wat beter.

“Hé, jij bent een mooie steen!”, verheugt ze zich. “Als straf moet je maar mee in de tas.”

Eerst moeten Lucy en oma het bijzondere patroon van de gevonden steen nog bewonderen.

“Jij en je stenen!”, moppert Lucy.

Lara heeft al een hele zak met ‘droomstenen’ thuis.

“Ik ben gewoon steenrijk,” grijnst Lara. “Ik vind echt iedere keer weer nieuwe, - zoals jij je stukken hout. Jij hebt echt ogen voor hout, Lu.”

“Klopt”, lacht Lucy en trekt net één van haar ‘houtgeesten’ onder een bosje vandaan. “Ziet die er niet uit als een griezelig beest met grijparmen en een spitse tand?”

“O ja, daar heeft hij zelfs een oog,” herkent Lara. “Dat moeten we voor opa meenemen. Misschien hangt hij dat wel aan een balk in de wintertuin op.”

“Dat doet hij vast wel”, zegt oma. “Zo’n dekoratief stuk natuur is zonde als stokje voor de honden.”

Ze bukt zich naar een dikke sparappel, om Balu af te leiden. Hij wil namelijk het liefst het houtstuk van Lucy grijpen.

Sonny ontdekt op de helling een plas water en slobbert gierig wat water op.

“Een bron!”, roept Lucy. “De honden hebben het makkelijk. Bij mij plakt de tong al aan m’n gehemelte!”

“Dan speel je gewoon hond”, stelt oma voor en schept met de holle hand bronwater op en slurpt genietend.

“Bah, oma!”, schreeuwt Lara. “Toch niet dat vieze water!”

Oma stelt haar gerust: “Dat kunnen jullie rustig drinken. Zo zuiver water vind je alleen in de bergen. Dat drinkt zelfs opa uit de kraan. Smaakt bijna net zo als mineraalwater zonder prik.”

Nu buigt ook Lucy zich naar de bron en vangt iets van het kabbelende beekwater op. “Mmmmm... Dat is echt lekker. Kom, La, probeer nou ook!”

“Nee, ik heb net een frisse kauwgom!”, smakt Lara.

“Dan niet”, doet Lucy flauw en kiept de volgende hand vol water bij haar tweelingzus in het gezicht.

“Dank je voor de verkwikking!”, proest Lara en loopt gauw met Sonny verder.

Één, twee, drie ... start!

Ze zijn nog maar net thuis en dan bedelen de kinderen al: "Mogen we naar het zwembad? Zeg nou ja, oma!"

"Als jullie het zwemmeertje bedoelen en als jullie er ook alleen naartoe willen, is het in orde. Ik heb vandaag geen tijd om mee te gaan."

Opa bemoeit zich er ook mee: "Hadden jullie niet een fietstocht gepland, direct na het ontbijt? Ik ben extra vroeg m'n bed uitgekomen om jullie fietsen klaar te zetten."

"Je bent echt heel lief, opa. Dankjewel!" Lara geeft hem een kus. "Als we genoeg hebben van het zwemmen, kunnen we nog een rondje gaan fietsen. Is toch logisch!"

Opa straalt: "Dat je opa maar niet vergeet, Lucykind..."

"Ik ben eigenlijk jouw Larakind," grinnikt Lara. "Maar ik vergeet je in ieder geval nooit, mijn beste opa!"

"Slijmerd!", knort Lucy. "Trek maar liever gauw je bikini aan!"

"Op commando, boss! Ben zo klaar!" Lachend loopt Lara de trap af.

De rugzakken zijn ook snel ingepakt.

"Hebben jullie zonnecrème mee?", vraagt oma.

"Hebben we niet nodig, als we toch in het water zijn," beweert Lucy.

"Willen we wedden?", zegt oma. "Jullie moeten eerst aan de zon wennen. Anders hebben jullie in de kortste tijd zonnebrand. Tijdens de middag is de zon bijzonder gevaarlijk."

Bij het zwemmeertje is het al erg druk.

De tweelingen zoeken een plekje in de schaduw voor hun ligmatten. T-shirt en broek zijn snel uitgetrokken. Even onder de koude douche.... Plons! Dat was een perfecte buikplons van de steiger door Lucy!

Lara aarzelt nog. Het water in het meertje is wat aan de koude kant. Liever zou ze eerst een rondje zwemmen in het iets warmere zwembad. Ze gaat op de stenen zitten en kijkt naar haar 'babyzeehond', die aan het spetteren is.

Plotseling klopt iemand op haar schouder. Verrast draait ze zich om. Een grote, slanke vrouw met korte blonde haren staat haar onderzoekend aan te kijken: "Hallo, jij bent toch Lara? Of Lucy? Ken je me nog van vorig jaar zomer? Ik ben Beatrice!"

Lara is enthousiast: "De moeder van Ronja en Tessa uit Berlijn!"

"Bingo! Voltreffer!", lacht de vrouw. "Mijn nakomelingen zijn daarginds op het beachbalveld."

"Uitstekend, dat jullie hier ook zijn!", straalt Lara. Ijverig geeft ze tekens aan Lucy.

Beatrice zwaait met beide armen: "Hallo tweeling!"

Druipend komt Lucy uit het water.

"Dat is tof!", verheugt ze zich. "Hoe lang zijn jullie er al?"

"Sinds eergisteren," zegt Beatrice. "We blijven twaalf dagen. Deze keer vinden jullie ons niet als anders in Waidringer Hof, als jullie ons zoeken. We proberen namelijk het nieuwe hotel Steinplatte uit. We moeten toch een beetje flexibel zijn, niet waar? Maar nu moeten we Ronja en Tessa laten schrikken. Die zullen wel opkijken!"

Ze fluisteren met elkaar. Lucy slentert naar het beachbalveld en kijkt naar het spel. Eindelijk stapt ze langzaam door het zand, - direct langs Ronja, - en gaat direct voor haar bij de spelers staan. Nu nadert ook Lara en blijft direct voor Tessa staan.

Lucy laat haar vingers zien: "Één, twee, drie ... start!"

Beide tweelingen draaien zich tegelijkertijd om.

Ronja heeft net de bal gespeeld. Ze staart eerst Lucy en dan Lara aan en slaat zich met de hand op het voorhoofd: "Dat kan toch niet zijn! Zijn jullie dat echt of kijk ik scheel?"

Ook Tessa begrijpt het en stort zich op Lara:"Mensenkinderen, Lucyschatje! Is te gek, dat jullie er nog zijn op deze grappige planeet!"

"Dan moet je m'n tweelingzus omarmen," grijnst Lara, omarmt Tessa en geeft haar door naar Lucy.

De vier meisjes kunnen van het lachen bijna niet ademhalen. Het is zo geniaal, als je elkaar na een lang jaar toevallig weer ziet. Ze hadden nog een paar keer gebeld en een aantal kaarten tussen Berlijn en het Edertal heen en weer gestuurd. Toen was er stilte. Daardoor is nu de vreugde over het weerzien nog groter.

Andere kinderen kijken verwonderd. Een meisje met lang bruin haar stapt op het groepje af en kijkt Lara onderzoekend in haar gezicht. "Zijn jullie niet die tweelingmeisjes van vorig jaar? Ik ken jullie toch."

"Tuurlijk, dat zijn wij, - en we willen het blijven," antwoordt Lucy.

Jij bent Sandra. Klopt dat!"

"Dat je m'n naam nog weet, dat is echt leuk!", straalt Sandra. "Mooi dat jullie weer hier zijn. Spelen jullie gelijk een potje mee?"

Zo zijn ze al middenin het spel. Ze springen door het zand en proberen handig de bal over het net te slaan.

"Erbij zijn is alles, La!", roept Lucy. "Het belangrijkste is, dat we lol hebben!"

Als er een aantal grotere jongens bij komen, maken 'de kleinen' gelijk vrijwillig het veld vrij en ze springen in het water. Sandra is er nog met twee vriendinnen, - Julia en Milena.

“Zijn jullie in dezelfde klas”, vraagt Lara, als ze later op de matten zitten en lekker lui zijn.

“Tuurlijk,” vertelt Julia. “We zijn in de vierde klas na de zomervakantie.”

“Wij ook. Volgend jaar voorjaar worden we twintig”, zegt Lucy ernstig.

“Op één april,” zegt ook Lara ernstig.

Ronja grijnst: “Logisch! Jullie twee kunnen alleen maar een aprilgrap zijn. Ééntje alleen zou dat natuurlijk niet kunnen zijn.”

Veel te snel vliegt de middag voorbij. De meisjes spreken gelijk voor de volgende dag af en voor de Waidringer Spielenacht op maandagavond.

“Goed, dat jullie er ook bij zijn. Tot de volgende keer!”, nemen de beide meisjes uit Berlijn afscheid, als Beatrice fluit om naar huis te gaan.

Ook de anderen nemen de zwemspullen.

“Doei!”, zegt Sandra. “Tot morgen.”

Maar helaas gaan hun plannen vanwege het weer niet op.

Na een avondfietstocht op de oude straat tot Strub, zitten de beide meisjes met oma en opa op het balkon en kijken, hoe aan de ene kant van het dal het Steinplattenmassief en aan de andere kant de Loferer Steinberge van kleur veranderen.

Nog zet de ondergaande zon de bergtoppen in een gouden avondlicht. Van minuut tot minuut worden ze meer rood tegen de donkerblauwe hemel. Langzaam begint het schemeren in het dal. Daardoor zie je de sneeuwbedekte bergtoppen van de Berchtesgadener Alpen nog beter aan de horizon.

“Of ik nu droom?”, denkt Lara. “Het is op een of andere manier zo ...onwerkelijk.”

“Als we jullie niet hadden!”, verheugt zich opa. “Dan wisten we helemaal niet, hoe mooi het hier is, mijn lieverds!”

"Ach, opa!", zucht oma. "Jij wordt vast nooit romantisch."

Lucy wijst naar een vliegtuig. De laatste zonnestralen laten het vliegtuig glinsteren. "Dat ziet er uit als een gloeiende naald met een lang roze draadje eraan. Die steekt midden door de hemel."

"Jullie fantasie zou ik ook wel willen hebben", vindt opa geamuseerd. "Wat jullie niet allemaal ontdekken."

Vanuit het oosten duikt een tweede punt op en trekt een lichtgevende streep achter zich aan.

"Je zou kunnen denken, dat die daarboven tegen elkaar botsen", zegt oma.

"Nee, maar de strepen lopen door elkaar", stelt Lucy vast.

"Dat wordt een hemels avondkruis", vult Lara aan. "Boven bij de zon, als het hier beneden zo donker is."

"Daarom laten we ons eigen licht maar aan."

Oma steekt de drie kaarsen in het glas aan. "Zo'n avond is veel te mooi, om al naar ons nestje te gaan."

De nieuwe Girl-group

De volgende morgen brandt de zon zo heet op het balkon, dat opa de markies uitdraait en mompelt: "Als er vandaag geen onweer komt..."

"Oh alsjeblieft, doe maar niet!", roept Lara ontzet. "We willen toch naar het zwembad."

"Afwachten!", troost oma. "Opa's weten ook niet alles."

Helaas ligt opa helemaal goed met zijn vermoeden. Al gauw komen er dikke wolken boven de Hausberg. Als de kinderen hun zwemtassen in willen pakken, is de hemel al duister.

Nu moet ook Lucy het inzien: "Het is dus niks met zwembad. Jammer nou! Of de Spielenacht ook in het water valt? Ik heb me er al zo op verheugd!"

"Ik ook", zucht Lara. "Kom, we gaan hard duimen. Dat helpt vast wel!"

Ook al duimen ze nog zo hard, het helpt helaas niet. Nadat heftig onweer over Waidring getrokken is, regent het nog een poosje heel hard. Terneergeslagen zitten de kinderen op de hoekbank in de wintertuin en staren naar het druipende gras en de bloemen.

"Wat een rotweer!", ergert zich Lucy. "Niet eens Sonny wil naar buiten."

"Dan kunnen we ook gelijk in bed blijven", pruilt Lara.

Als de hemel een beetje opklaart, stelt oma voor: "Wie heeft er zin in een regenwandeling? Jullie hebben toch waterdichte jassen?"

De tweelingen hebben lange gezichten en laten oma alleen met de honden naar buiten gaan.

Lucy zit voor de televisie. Lara maakt het zich behaaglijk op haar bed en verdiept zich in haar dagboek. Gelijk op de eerste dag van de vakantie heeft ze het belangrijkste al opgeschreven.

Lucy had gemopperd: "Wedden, dat je dat niet volhoudt, zus!"

Lara had moeten lachen: "Waarom wedden we? Je zult wel zien hoeveel erin staat als de vakantie straks om is!"

Lucy meende: "Okay La, je hebt gewonnen. Ik herinner je eraan, dat je niks belangrijks vergeet."

Als oma druipend nat en vrolijk thuiskomt, laat ze de beide meisjes met rust. Ook regendagen horen erbij! Maar de rust duurt niet lang.

Vrolijk blaffend rennen de honden naar de huisdeur. Lara legt zuchtend haar boek aan de kant. Wie kan dat nou zijn? Nors doet ze de deur open en ziet alleen een gigantische paraplu, - daaronder Beatrice, Ronja en Tessa.

"Hé, jullie zijn het!", straalt ze. "Dat is geniaal! Kom binnen, als je kunt!"

De honden springen omhoog tegen de kinderen. Lara jaagt ze het huis in en roept haar tweelingzus.

"Wat denken jullie? Hebben jullie zin in bioscoop?", barst Tessa los en Beatrice legt uit: "We willen jullie naar St.Johann ontvoeren, voordat we een tic van de regen krijgen."

"Wow, super!" Lucy stormt de keuken in bij oma. "Ach, omaatje, mag het, zeg nou ja?!"

Het wordt, - ondanks de regen, - een leuke dag met bioscoop en ijs eten.

Om te bedanken nodigt oma de Berlijnse familie de volgende middag op de koffie uit. Het regent niet meer, maar het is toch een stuk frisser geworden.

Als de volwassenen aan het praten zijn, gaan de meisjes naar hun kamer en zingen Karaoke.

Eerst zingt Lucy tegen Ronja, dan Lara tegen Tessa.

"We kunnen het eigenlijk heel goed!", vindt Ronja. "We kunnen wel meedoen aan Pop Idool."

"Ja zeker, we zijn echte supersterren!", schept Tessa op.

Dan heeft Ronja een goed idee: "Weet je wat? We gaan volgende week maandag op het podium en zingen wat."

"Podium? Hoe bedoel je dat?", wil Lara weten.

"Denk eens heel goed na, schatje!", lacht Ronja. "Ik bedoel de miniplaybackshow voor supersterren bij de wereldberoemde Waidringer Spielenacht. Begrijp je dat?"

Lucy is er gelijk helemaal vol van. Ze wou hier altijd al een keer aan meedoen, - maar niet alleen. Haar tweelingzus had ze tot nu toe niet over kunnen halen, om op het podium te gaan staan.

Met Ronja en Tessa zou dat helemaal geweldig zijn!

"Maar wat zullen we zingen, Ronja?", vraagt Tessa. "Moet wel iets zijn, wat iedereen kent. En dat moeten we natuurlijk van te voren oefenen."

"Logisch! Denk je dat ik voor het hele publiek voor gek wil staan?", grijnst haar zus.

Na een beetje zoeken, vinden ze "99 Luftballons" van Nena het beste.

"Dat liedje kennen we allemaal slapend uit het hoofd", vindt Lucy.

Lara, die het eerst maar niks vindt om een superster te zijn, laat zich toch aansteken door het enthousiasme van de anderen. Drie keer zingen ze het en dan fluit Beatrice voor het vertrek.

Ze spreken gelijk weer af voor de volgende middag.

Klokslag drie uur staan Ronja en Tessa weer voor de deur – en hebben Sandra en Julia meegebracht.

“Ik heb nog versterking getoverd, - als jullie er niks op tegen hebben!”, zegt Ronja.

“Versterking is altijd goed! Kom er maar in!”, vinden de tweelingen blij.

Met z’n zessen is het oefenen nog leuker. Door al het zingen en dansen, weten ze niet waar de tijd blijft.

Voordat de meisjes naar huis moeten, vraagt Sandra: “Zal ik Milena und Alissa ook vragen of ze meedoen? Die waren al vaker op het podium bij de Spielenacht en kunnen prima dansen.”

“Oh ja, vraag ze maar! Dan kunnen ze morgen gelijk meekomen,” stelt Lucy voor en vraagt oma, of het goed is als er zoveel kinderen komen.

“Ja, dan moet het maar een keer goed zijn. Per slot van rekening is het voor een goed doel”, glimlacht opa. “Maar alleen, als we mogen toekijken bij de première.”

“Tuurlijk!”, grijnst Ronja. “Daar moet iedereen bij zijn, als het echt wordt. Onze ouders zetten we er ook nog naast voor het applaus. Dat is toch logisch!”

“Dan kan nu niks meer misgaan, supersterren, - met deze internationale bezetting,” vermaakt oma zich. “Als jullie nog versterking nodig hebben, - jullie kunnen op me rekenen.”

“Ik geloof, dat oma’s daar niet meedoen,” zegt Sandra heel ernstig, en opa schudt bijna van het lachen.

“Maakt niet uit,” zegt oma. “Dan klap ik wel harder. En ik kan ook heel hard fluiten.”

De volgende dag zijn ze acht supersterren. Ze sluiten de CD-Player in de wintertuin aan en het terras wordt omgebouwd als podium. Ronja, die al in de zesde klas komt, geeft de toon aan. Na korte tijd zijn de meisjes al helemaal op elkaar ingespeeld.

Oma en opa moeten kritisch publiek zijn en ze zijn zeer tevreden met de nieuwe 'Girl-Group'.

Op maandagmorgen wordt nog een keer geoefend.

Ronja, die haar rol als 'bandleader' echt serieus neemt, waarschuwt: "Dat is echt heel belangrijk, kleintjes! Anders zijn we vanavond alles weer vergeten. Zo, we beginnen. Drie keer wordt het lied nog gezongen!"

's Middags zijn de tweelingen door de opwinding bijna niet in toom te houden.

"Heb je plankenkoorts, La?", doet Lucy heel stoer.

Lara grinnikt: "Nou en of, Lu! Echt! Jij niet? Opschepper! Ik kan dat echt niet geloven."

"Geen klein beetje!", jokt Lucy en houdt haar tweelingzus heel vast in de arm, want anders barst ze zelf van de spanning.

Gelijk na het avondeten willen de kinderen op weg gaan. Het is al bijna zeven uur.

Ongeduldig trekt Lucy aan opa's mouw, tot hij zucht: "Langzaam, langzaam, meisjes. Ben ik oude man een sneltrein? Gaan jullie maar vast vooruit, als jullie al zo'n haast hebben."

En zo rennen ze al weg. Gelukkig staan ze mooi op tijd bij de schminktafel, voordat de andere kinderen allemaal in de rij staan.

Lara wil er graag als een vlinder uitzien . Lucy zoekt een kattengezicht uit.

Het is best moeilijk zo lang stil te zitten en het gezicht niet te bewegen, totdat ze zichzelf uiteindelijk in een spiegel kunnen bewonderen.

"Handig. Zo kunnen we jullie mooi uit elkaar houden.!", roept opa al uit de verte.

Oma stelt voor: "Het beste is, als jullie zondag pas weer jullie gezicht wassen."

"Jij hebt toch altijd weer goeie ideeën!", prijst opa. "Dan haal ik morgen gelijk kattevoer voor ons lieve Lara-katje."

Lucy grinnikt: "Gelijk heb je, slimme opa! En wat vreet die mooie Lucy-vlinder? – Arme opa, je leert het waarschijnlijk nooit. Ik ben toch Lucy. Miau! Miauauauau!"

Zuchtend geeft opa op en neemt de tweelingen in de arm.

Nadat ze overal zijn geweest en de meesten speeleuro's op zijn, willen de kinderen en oma nog een rondje met het boemeltreintje door het dorp. Opa wacht liever bij Café Schmid met een glas aardbeienbowl.

Het is erg leuk om langs hun eigen huis te ratelen. De kleine locomotief laat een schelle fluit horen. Zonde, dat er niemand op het balkon staat, waar ze naar kunnen zwaaien. Dan komt net de buurvrouw door de tuin.

"Hallo! Hallo! Marianne!", schreeuwt Lucy. Alle drie zwaaien ze voor het open raam. Marianne zwaait lachend terug.

Lara ontdekt de blaffende honden bij het woonkamerraam.

"Arme honden, Niet droevig zijn! We komen gauw terug," roept ze.

Lucy vindt: "Dat hebben ze natuurlijk helemaal begrepen, lieve La!"

"Gekkerd! Zelf lief!", knort Lara. "Bah, altijd moeten ze thuis blijven, als het leuk wordt!"

In de bocht slaat de machinist af en rijdt met de kleine trein van de Pillerseestraße de Achenweg in. Weer is de schelle fluit te horen: "Opgepast! Uit de weg!"

De bergen liggen in een gouden licht van de avondzon.

Oma strekt zich tevreden uit en zucht: "Is dat even genieten! Wat mij betreft kunnen we om de hele Pillersee rijden."

" Wat denk je, oma! Heb je ons optreden vergeten? We moeten al gauw op het podium."

En Lara wiebelt: “Ik kan gewoon niet meer wachten, Lu!”

Eindelijk roept Hubsi, de grappige presentator, alle zangers en zangeressen op het podium van het paviljoen.

Dan komt ook al “Tatzi”, de groene draak, aangewaggeld, die de kinderen al bij de grote klimwand met een omarming begroet heeft. Tussen de opgewonden “Superstars” danst hij op het podium heen en weer. Dan is er ineens door de microfoon te horen:

“Hallo, superstars! Leuk dat jullie vandaag hier naar Waidring naar de Spielenacht gekomen zijn en dat jullie zoveel publiek meegenomen hebben. Zijn dat jullie fans?”

De kinderen brullen: “Jaaaa!”

De presentator wil weten: “Hoe gaat het met jullie?”

Dan roepen de kinderen en de toeschouwers in koor: “Geweldig!”

“Goed!”, vinden Tatzi en Hubsi. “Dan kunnen we beginnen. Als mijn eerste sterren begroet ik deze vier jonge heren. Willen jullie ons vertellen, waar jullie vandaan komen?”

Hij houdt de microfoon in hun richting en de grootste van de vier jongens schreeuwt: “Uit Stuttgart – in Duitsland!” – “En wat krijgen we van jullie te horen?”

“Tokio Hotel!”, roepen ze allevier en stellen zich op.

Een paar toeschouwers fluiten en stampen als ondersteuning.

“Ze doen het niet slecht,” fluistert Tessa Lucy in het oor. “Wedden, dat wij het beter kunnen?”

“Tuurlijk, wij zijn het toch!”, fluistert Lucy terug.

De vier jongens maken een buiging met een rood gezicht van de inspanning en ze krijgen applaus.

Als tweede groep komen drie kleine meisjes met blonde krulletjes uit Nederland naar voren en maken een kleine kniebuiging. Terwijl ze zingen en wat onzeker huppelen, klappen de ouders voor het podium de maat.

Daarna presenteert een jongetje uit de buurt van Keulen het bekende sterrenlied van DJ ÖTZI.

“Meiden, nu zijn wij aan de beurt!”, zegt Ronja. “Zijn jullie er allemaal klaar voor?”

Alle acht meisjes dragen gekleurde t-shirts met een spijkerbroek.

De omroeper houdt Lucy de microfoon tegemoet: “Hallo, lief katje, waar ben jij uitgebroken?”

Lucy doet mee: “Miau! Uit Dui... eh, uit Waidring, eigenlijk, bij opa en oma. En hier .... m’n zus ook.”

Ze trekt de vlinder dichterbij.

Met de gekleurde gezichten kun je bijna niet zien, dat ze tweeling zijn.

Sandra stelt Julia, Milena en Alissa in Waidringer dialect voor.

Daarna kraait Tessa in de microfoon: “Ik ben een echte Berlijnse meid. En m’n zus Ronja natuurlijk ook!”

De omroeper maakt een buiging: “Dat is geweldig! Twee echte Berlijnse meiden! Nou, dan laat jullie ballonnen maar opstijgen, dames!”

De muziek begint al. Snel staat iedereen op zijn plekje. Nena’s stem is te horen.....

“Neun-und-neun-zig Luftballons...,“ zingen ze, zo hard ze kunnen.

Daarbij kijken ze uit de ooghoeken naar Ronja’s danspassen en armbewegingen.

Het oefenen blijkt wel goed te zijn geweest. Ze zijn helemaal op elkaar ingespeeld. Milena laat twee keer bijna perfect een radslag zien en Tessa springt aan het einde in een spagaat.

Dan is er luid applaus te horen, gestamp en gefluit.

Buiten adem en helemaal trots maken de acht “supergirls een buiging.

Tatzi omarmt ze na elkaar met zijn dikke groene stofpoten. Het is onbeschrijfelijk opwindend, om als “superster” gevierd te worden, - dat vinden ze alle acht.

“Jullie waren echt geweldig!”, begroeten oma en Beatrice de meisjes. “Zelfs onze mannen zijn er helemaal paf van. Moet je zien, ze stralen zoals ze nog nooit gestraald hebben!”

“Oh ja!”, vindt opa. “Jullie zijn echt sensationele WSNSS! Jullie zijn echt geweldig!”

“Wat zijn we?”, vragen de tweelingen. “Wat betekent dat – WSNSS?”

“Denk maar eens goed na, jullie Waidringer-Spiele-Nacht-Super-Sterren!”, grijnst opa.

Ronja heeft het als eerste door: “Man, dat is echt een gave naam. Die zit wel goed voor ons, of niet?”

De acht supersterren kunnen niet meer ophouden met lachen.

Omdat het zo’n heerlijke avond is, blijven ze tot aan het einde van de Spielenacht om tien uur. Het is intussen al bijna donker. Nu is het tijd voor de slotpolonaise met Tatzi. Ook oma en Beatrice mogen meedoen en pakken de kinderen vrolijk bij de schouders.

Dan horen ze al het Waidringer standaard-lied: "Hey, hey, Baby! U..A..!"

Alle kleintjes en ook de groten brullen het refrein mee en ze dansen erbij. Daarna komt het mooiste, vindt Lara: Hubsi en Tatzi halen een paar kinderen op het podium, die dan een kaarsje aan mogen steken. Ze worden dan aan een heliumballon vastgemaakt en langzaam worden ze in de hemel losgelaten, de sterren tegemoet. "Neunundneunzig Luftballons...," zingt Lucy en Lara stemt gelijk in: "Op weg naar de horizon..."

Dan valt plotseling een koor van kinderen en volwassenen in: "Men dacht dat het UFO's uit de ruimte waren..."

"Gaan we volgende week weer naar de Spielenacht? Alsjeblieft, alsjeblieft!", bedelen de tweelingmeisjes, als ze op weg zijn naar huis.

"Daar kunnen we het nog eens over hebben, of niet oma?", vindt opa knipogend.

"Als jullie volgende week alles opeten, zodat het weer zo mooi blijft..."

Lucy begint opgewonden te huppelen: "Dan zijn wij weer de WSNSS! Morgenochtend zoeken we gelijk een nieuwe hit. - Oh, dank je, dank je, dank je, oma en opa!" "En waarvoor, als ik mag vragen?", bromt opa verwonderd. "Dat we hier bij jullie in Waidring mogen zijn", denkt Lara hardop.

"Dat wou je toch zeggen, Lu?" - "Man, la, jij bent echt de allerslimste tweeling van de wereld!", grinnikt Lucy en omarmt haar zus snel even.

"Overigens, schrijf dat maar snel in je dagboek: Lara-Lucy, de WSNSS!"

"Logisch", lacht Lara. "Zullen we het gelijk in de Pillerseebote doen? Met een gigantische ster-foto van Tatzi en zijn sensationele meidengroep!"

Zeemannen aan de Pillersee

Dinsdag bij het ontbijt kan oma zich er ineens aan herinneren, dat er in de kast in de kelder nog een roeiboot moet liggen.

"Klopt", zegt opa en krabt nadenkelijk zijn voorhoofd.

"Als er nog maar geen schimmel op zit. Wat denk je, lieve oma, zullen we proberen de boot weer zeewaardig te maken?"

"Ay-ay, Sir!", vindt oma en tipt haar hand aan een fantasiepet op haar hoofd.

"Het wordt weer tijd voor een zeiltoer over de zeven meren, ouwe zeebeer!"

De tweeling juicht: "Peddelen? Wow! Op de Pillersee?"

Op het terras breiden ze de opblaasboot uit en pompen afwisselend de boot op. Ze willen er het liefst, om de boot uit te proberen, al vast in gaan zitten, maar opa jaagt ze er gelijk weer uit.

"Jullie maken de boot nog kapot", knort hij. "Laat dat ding eerst maar eens staan en dan kijken we of de lucht erin blijft. Anders gaan we straks midden op het meer nog onder."

"Zijn we dan schipbreukelingen?", vraagt Lara.

"Natuurlijk", grijnst opa. "En het lukt jullie vast wel, om in de Pillersee nog een eenzaam eiland te ontdekken, - met drie palmen erop."

"Bingo! We schrijven jullie per flessenpost en jullie moeten ons redden. Net als Robinson Crusoe", verheugt zich Lucy.

De boot loopt inderdaad een beetje leeg.

Opa steunt: "Wat een ellende! Ik had het al verwacht na zo lange tijd in de haven. Die arme oude boot! Hopelijk is het reparatieset tenminste in orde."

Het is niet makkelijk, het gat te vinden en weer dicht te maken.

"Liefste, beste opa", slijmt Lucy. "Als we jou niet hadden!"

"Jaja, mij en de dikste aardappels," bromt opa. "Jullie laten de boot nu tot tussen de middag met rust. Blijft de lucht er tot dan toe in, kunnen we de boot weer gebruiken. In ieder geval voor jullie lichtgewichten."

Na het eten wordt de boot op de dakreling gepakt. De honden mogen meerijden en zijn helemaal door het dolle heen.

“Hebben jullie je petjes?”, wil oma weten. “Op het water krijg je snel een zonnesteek.”

Lucy moet lachen: “Een zonnesteek hebben we al, - klopt dat zus?”

“Jij zeker!” Lief klopt Lara haar zus op de rug.

Oma komt met de zwemvesten aanslepen. “Die hadden jullie vast vergeten, wedden?”

“Weddenschap gewonnen,” zegt Lara. “Moeten we die onhandige dingen aantrekken? We kunnen toch zwemmen.”

“Jullie moeten”, bemoeit opa zich er ook mee. “Zonder vest gaan we niet op het water, maakt niet uit hoe hoog de golven zijn. In dit geval helpt muiten ook niet, matrozen. Punt uit!”

Rustig, licht groen en zeer aanlokkend ligt de Pillersee voor hun. Snel laten ze het “dampschip” in het water en kienen uit wie er als eerste met oma mag roeien.

Lara is de gelukkige. Lucy en opa laten intussen de honden aan de oever donderjagen en ze filmen de zeevaarders. Balu jankt droevig, omdat hij niet mee kan in de boot; hij probeert er achteraan te zwemmen.

Oma jaagt hem terug: “Kleine oen! Het vrouwtje komt zo weer. Voor een hond is bij ons aan boord helaas geen ruimte”

Balu rent opgewonden op de oeverberm een poosje heen en weer en blaft woedend, terwijl Sonny om hem heen danst.

“Moet je die twee gekken zien”, lacht oma. “Helaas of gelukkig heeft het water geen balken.”

Ze sturen naar het midden van het meer. Lara doet moeite met oma in de maat te blijven, zodat ze elkaar met de lange peddels niet in de weg komen te zitten. Ze roeien in de richting van St.Ulrich.

Na een tijdje doen de armen van Lara zeer. Ze legt de peddel voor zich neer en laat haar handen in het water hangen. "Hu, dat is koud!", constateert ze en spettert het eendenpaar, dat net langs hun heen zwemt, nat.

"Jullie hebben het goed, snaterbeesten! Jullie hebben geen boot nodig en jullie gaan toch niet onder."

De eenden letten niet op Lara en steken hun kopjes onder water.

"Jullie hoeven niet zo verwaand te zijn, ondankbare beestjes. Jullie hebben zeker ons lekkere brood vergeten?", moppert ze en denkt aan de laatste herfstvakantie, als ze de eenden mochten voeren.

Oma kijkt op haar horloge. "We gaan terug naar de haven, lieverd. Het halve uur is om en de tweede ploeg staat al te trappelen om ons af te wisselen."

"Ach! Nu al?" Lara is teleurgesteld. "Nog vijf minuten. Alsjeblieft oma! Het gaat net pas echt leuk worden."

Oma blijft hard: "Dat is dan niet eerlijk, Larakind. We kunnen later nog een keer varen."

De honden zijn weer helemaal door het dolle heen, als de boot richting steiger komt. Balu kan niet genoeg tegen zijn vrouwtje aanspringen.

"Hebben jullie ons zo gemist, lieve honden?" Oma aait beide hondekoppen tegelijk.

"Het was toch maar een hele kleine wereldreis, dommerds!"

Een half uur later stuurt het tweede team met glunderende ogen weer op de oever aan.

Opa is erg enthousiast: “Nergens is het mooier als op het water.”

“Alleen vliegen is mooier!”, vindt Lucy. “Mogen we nog een rondje alleen voor kinderen?”

“Ja, alsjeblieft! We redden het zelf ook wel met de boot”, bedelt Lara.

Oma is er nog niet helemaal van overtuigd. “Zullen we die twee landrotten echt zonder ons als ervaren zeemannen op “zee” laten gaan, opa?”

“Oh jee! Dat is veel te gevaarlijk!”, schudt opa z’n hoofd. “Als er ineens storm komt – of er duikt ineens een haai op en laat de lucht eruit bij de boot...”

Lara staart hem ontzet aan. Lucy krijgt een lachaanval en wrijft haar zus door het haar.

“Een haai!”, hijgt ze. “Ach La, jij gelooft waarschijnlijk ook nog aan de Paashaas!”

Lara moet nu ook lachen: “Jij bent zo gemeen, opa! Dat vraagt naar wraak!”

Opa geeft haar een kus. “Dat was dus echt een zeemansavontuur, mijn schat. Wou je dat echt geloven? – Schip ahoi, matrozen! En niet te ver weg peddelen! Op z’n laatst over een uur zijn jullie dan weer hier. Okay?”

“Ay-ay, kapitein!”, roept de tweeling tegelijk.

Als Lara-Lucy-Crew hebben ze nu dubbel zoveel plezier. Niet ver van de oever hebben ze een nieuw record. Dan laten ze tegelijkertijd de peddels zinken.

“Poeh! Dat merk je aan de spieren!”, steunt Lara. “Ik heb even pauze nodig, anders vallen me de armen eraf.”

“ Bij mij ook,” hijgt Lucy. “We hebben ook niet echt getraind, La.”

Ze laten zich over het water drijven en houden hun gezicht in de zon.

“Ik zweet me namelijk rot in dat domme vest,” steunt Lucy. “Ik trek het maar uit.”

Lara protesteert: “Laat nou aan, Lu! Opa wordt anders boos. En trouwens, - als er toch plotseling een haai komt...”

Lucy hikt: “Logisch! En grappige kleine mensenhaai! Hoe was dat ook alweer met een zonnesteek, lievelingszus?”

Lara antwoordt met een krachtige mep met haar peddel.

“Dank je voor de douche!”, proest Lucy.

En zo is gelijk het beste watergevecht aan de gang.

Als ze eindelijk de boot draaien, zodat oma zich geen zorgen hoeft te maken, weten ze één ding zeker: Tijdens deze zomer willen ze nog vaak op het water genieten.

“Roeien is gewoon echt geweldig!”, vindt Lucy enthousiast.

“Echt helemaal waanzin!”, vindt ook Lara.

“Ook als we waarschijnlijk echt gigantisch spierpijn krijgen.”

“Maakt niet uit!”, vindt Lucy. “Dan helpt ’t het best om weer gelijk verder te gaan met roeien. Het beste gelijk morgen en overmorgen en overovermorgen, tot de spierpijn weg is.”

Tijdens het aanleggen, worden de kinderen door de honden hartelijk begroet. Sonny wil het liefste gelijk in de boot springen.

“Alle zeemannen van boord!”, commandeert opa en trekt de boot tegen de stijger aan.

Oma strekt haar hand naar Lara uit. “Kom, ik help je bij het uitstappen.”

Maar..... Sonny is sneller. Vrolijk springt ze tegen Lara op. De boot wiebelt verdacht, begint te kiepen, - plons – landen kind en hond in het water.

"He, La, blijf hier!", schreeuwt Lucy – en kiept er met een elegante zwier achteraan.

Proestend en hijgend duiken ze alledrie weer op en laten zich door oma en opa uit het water trekken, terwijl Balu wild blaffend op de stijger heen en weer rent.

Oma lacht tranen. "Dat hadden we moeten filmen! Het was echt verdacht voor een oscar!"

Opa verheugt zich: "Zo hebben jullie ook gelijk de doop op de evenaar gehad, zeerovers! Als jullie afgedroogd zijn, moeten we dat bij Adolarie maar eens goed vieren."

"Een echt te gek opa-idee!", stralen de druipende helden en trekken de natte zwemvesten uit.

Als ze in de zon op het terras bij Adolari op Apfelstrudel met slagroom en vanillesauce zitten te wachten, willen oma en Lara nog even in de mooie kleine bedevaartskerk St.Adolari kijken, - zoals altijd, als ze hier zijn. Het moet waarschijnlijk de op één na oudste van Tirol zijn!

Lucy laat liever de honden aan de heilige bron drinken. Ze gooit nog gauw een 50-cent munt bij alle andere glanzende munten in het water en fluistert naar de vrome bisschop:

"Wees gegroet, Sint Adolari! Daar zijn we weer. Kun je ons ook dit keer weer geluk brengen? Dankjewel!"

Diagnose "heimwee" en taalproblemen

Tijdens het avondeten spreekt Lara bijna geen woord. Stil kauwt ze op het kruimelbrood met haar lievelingsgeitenkaas uit Tirol. Ze heeft geen zin in tomatensalade en neemt maar een klein stukje van oma's appelschijfjes.

"Wat is er met onze Lara aan de hand?", is opa wat verwonderd. "Ben je zo moe van de Pillersee, lieverd? Ik dacht altijd, dat je honger kreeg van watersport."

Lara kijkt hem treurig aan: "Het gaat gewoon niet zo goed met me, opa. Ik weet het ook niet, maar..."

Lucy legt een arm om haar heen. "Niet ziek worden, hoor La! We willen toch morgen weer op het water."

Oma stelt voor: "Ga toch lekker even in bed liggen. Dat komt wel weer goed, meisje. Misschien was het toch een beetje teveel zon vandaag op de Pillersee."

Als Lucy later bij haar gaat kijken, is Lara diep onder de deken gekropen, haar haas Felix dicht tegen haar gezicht aan en snikt heel verdrietig.

"He La, zusje, wat is er aan de hand? Wat heb je?" Geschrokken buigt ze zich over haar zusje heen.

Drenzerig klinkt het uit het kussen: "Mama, - ik wil naar mama..."

Naast het bed zit nu ook Sonny met een verwijtende hondeblik, - z'n snuit en de zwarte poot op het kussen.

"Oeps!", doet Lucy en laat zich op het bed vallen. "Ik geloof het niet! Hé Lakind, na zo'n leuke dag! Heb je misschien toch een zonnesteek?"

Lara snuft: "Heb ik helemaal niet. Ik wil alleen naar mama... en naar papa..."

"Hou nou op met huilen, La, alsjeblieft! Is het bij oma en opa niet leuk?"

Huilen is toch vaak erg aanstekelijk, - helemaal bij tweelingen.

Als oma na een paar minuten binnenkomt, vindt ze de kinderen, de knuffeldieren en de hondedame dicht tegen elkaar aan in bed en hoort zacht gesnik en gesnuf. "Nou zul je het hebben! Is dat een geval van... Kom, hond, van het bed af. Daar kun jij nu niet bij helpen."

Met ingetrokken staart sjokt Sonny naar de deur. Zachtjes sluipen die twee de kamer uit.

Als opa vraagt: "En, wat is er met ons verdrietig konijntje?", beweert oma ernstig: "Mijn eerste diagnose is dus niet echt een geval van ruzie onder zussen, maar eerder een typisch geval van heimwee. En ook zeer aanstekelijk!"

"Oh jee!", steunt opa. "Dan hebben de patiënten strenge bedrust nodig, is het niet?"

Oma knikt: "Laten we de beide meisjes maar gewoon even met rust. Zoiets komt en gaat net als een geweldig onweer."

De volgende morgen stralen de meisjes als altijd, - maar wel met een beetje dikke ogen.

Opa kan het zich niet verbijten om een beetje te spotten: "Zo, dames, alles in orde bij mijn lieve kleinkinderen?"

Lucy lacht: "Tuurlijk, opa, alles okay! We hadden gewoon huileritus!"

"Dat kan gebeuren," vindt opa. "Als de tranen en de kussens maar weer droog zijn en de knuffeldieren ook."

"Die nog niet helemaal," geeft Lara toe. "Maar nu hebben we ontzettend honger. Kan ik een zacht ei hebben?"

Lucy heeft haar chokolademuesli-dag en eet nog een banaan na.

Dan vraagt de tweeling: “Kunnen we naar het zwembad? De anderen zijn er vast ook allemaal. De meiden uit Berlijn gaan ook al gauw weer naar huis.”

Opa lacht besmuikt: “Waarom zouden we daar iets op tegen hebben? Blijf maar lekker lang weg, meiden! Neem maar goed iets te eten mee, zodat niemand tussen de middag mijn gehaktballen wegeet.”

Sandra, Alissa, Milena en Julia spelen net in het water, als de tweeling er aankomt.

Snel springen ze er achteraan om gauw zo hard mogelijk te zwemmen. Dan duikt er plotseling een jongen tussen hen op.

Julia wil hem wegjagen: “Je kunt gelijk weer verdwijnen, Flori! Je bent in de weg, jonge! Duvel maar op naar je vrienden!”

“Nou zijn Alex en Fabi er ook nog! Dat hadden we nog nodig! Ga nou weg!”, snuift Sandra.

Maar als Florian een grote waterbal tevoorschijn haalt, willen ze allemaal meespelen.

“Nou is het pas echt leuk, La!”, roept Lucy. “Kijk, daar zijn Ronja en Tessa. Jippie!!!”

Met een snoeksprong is Ronja bij hun en krijgt gelijk de gekleurde bal op haar hoofd.

“Kan ik meedoen?”, proest ze en stort zich er gelijk middenin. Met een grote plons landt Tessa midden tussen hun in en dondert ook gelijk mee.

Later zitten ze allemaal op de ligweide. De drie jongens zijn ook uit de toekomstige vierde klas, - en eigenlijk best okay, constateren de meisjes uit Duitsland. Als ze nou niet zo komisch zouden praten.

In het begin was het al moeilijk geweest, om de meisjes uit Tirol te verstaan. Maar als nu de jongens beginnen te praten, kijken ze elkaar radeloos aan.

Tessa draait met haar ogen. “Ik begrijp echt helemaal niks. Kunnen jullie ook Duits praten zoals redelijke mensen?”

De jongens kijken verbaasd. De Waidringer meisjes grinniken: “Tja, dan proberen we het maar eens met goed Duits. Kom jongens, we moeten ons inspannen!”

“En praat niet zo heel snel”, vraagt Lucy. “Wie kan dat anders nog verstaan?”

“Doen we mee, jongens?”, grijnst Alex naar de jongens. “Dan praten we gewoon langzamer, of niet?”

Dan proberen ze in goed Duits met elkaar te spreken.

Onder veel gelach lukt dat na een poosje al aardig goed, alhoewel Lara nog steeds moet vragen: “Wat hebben jullie net gezegd? Heb jij dat begrepen, Lu?” Sandra en Alissa vertalen alles heel geduldig.

Julia moppert tussendoor : “Dan moeten jullie de oren maar eens verder open zetten!”

Ronja wordt boos: “Nou moet je geen onzin praten! Ik kan ontzettend goed horen, - helemaal als ik in Berlijn ben! Jullie hebben ook echt een gelukt dialect. Wat een geluk, dat we in Berlijn niet zo hoeven te praten.”

“Bingo!”, grijnst Lucy. “Jullie praten daar ook helemaal niet in een dialect, hè!”

Pas als ze weer gemeenschappelijk in het water aan het duvelen zijn, elkaar nat spetteren en kopje onder duwen, zijn er natuurlijk geen taalproblemen meer. Ze gillen van het lachen, hoesten en proesten, hijgen, - en daarvoor hebben ze geen dialect en geen Duits nodig.

“Hoe kunnen we jullie twee meiden uit elkaar houden?”, wil Alex weten en kijkt onderzoekend van de ene naar de andere tweeling.

“Man, dat is toch makkelijk”, glimlacht Lucy en trekt Lara hard aan het haar.

“Hé Lu, laat dat!”, moppert Lara verontwaardigd.

“Zie je, Alex, nu weet je het. Ik ben Lu!”

“Aha”, bemoeit zich nu ook Florian ermee. “Dan moeten we dus altijd één van jullie aan de haren trekken.”

“Probeer het maar liever niet, anders krijg je een opdonder!”, dreigt Lara.

“Ik heb het!”; schept Florian op. “Die sneller woedend wordt, dat is Lara!”

Lara wijst met haar vinger aan de slaap en draait met haar ogen. “Dat zou je wel willen, of niet?”

Florian lacht een beetje besmuikt naar haar: “Nee, dank je wel. Ik vind vast nog wel een verschil tussen jullie. Wacht maar eens af, Lara!”

Lara wordt een beetje rood. Dan vindt Ronja: “Eigenlijk zijn jullie best cool, - ook al zijn jullie jongens.”

Fabian geeft zich zelf een klapje op de schouder. “Tuurlijk! Wat had jij gedacht? Wij zijn de besten, - alleen wil niet iedereen dat geloven.”

Op een gegeven moment is ook de laatste mueslireep op, de chipszak is leeggegeten en het laatste geld is aan ijs opgegaan. Ze denken er langzaam aan om maar eens naar huis te gaan.

“Doei, tot morgen!” – Dan doegie!”, zo nemen de meisjes uit Berlijn en de tweeling afscheid.

“Daag, Duitsers!”, roepen de jongens ze nog achterna.

“Krijg de rambam!”, roept Ronja terug.

“Dat zegt ze voortdurend”, fluistert Lara in Tessa haar oor. “Eigenlijk klinkt het best cool.”

“Tuurlijk, zou ik ook zeggen, als ik Ronja was geworden. Ronja Roversdochter!”, legt Tessa uit. “Maar weten jullie wat, tweelingwortels, ze zijn allemaal een beetje gek! En het maakt toch helemaal niet uit, of nou zo of zo praten, of niet dan?”

Een uitstapje naar Kitzbühel

De volgende dagen hebben de kinderen nergens anders zin aan, dan met hun nieuwe vrienden in het zwembad te zijn en daar te duvelen in het water.

"Jullie zien er al gauw uit als kleine donkere kindjes", verheugt zich oma. "Zo goed als jullie zou ik het ook wel willen hebben."

"Je kunt toch meekomen", stelt Lara voor, maar oma gaat liever met de honden naar de beek en gooit daar stokjes.

Als het weer omslaat en de bergen in dichte wolken verstopt zijn, heeft opa het idee, om naar Kitzbühel te rijden.

"Ik wil weer eens onder de mensen", verklaart hij. "Een beetje flaneren, als het moet onder een paraplu."

De meisjes knipogen naar elkaar. Bij opa betekent dat namelijk: in een gezellig restaurant iets lekkers eten en dan nog een toetje in een ijssalon.

Voor de honden betekent dat helaas: thuis blijven. Balu protesteert met zenuwslopend gejank, Sonny met een droevige hondeblik.

Maar oma en opa blijven hard: "Wat willen jullie nou in Kitzbühel? Daar kunnen jullie toch helemaal niet duvelen."

Ze flaneren van de ene naar de andere winkel, drukken hun neuzen tegen de etalage plat en zijn verwonderd over de gigantische prijzen in de dure boetieken.

"Zijn er eigenlijk mensen, die zoveel geld uitgeven voor een jurk of een paar schoenen of een mooie spijkerbroek?", vraagt Lara ongelovig.

"Die zullen er wel zijn", denkt oma na. "Anders zouden deze winkels er niet hoeven te zijn."

“Dat is toch te gek!” Lucy tipt met haar wijsvinger aan haar slaap. “Zoiets te geks zou ik nooit kopen. Dat zou ik zonde vinden van mijn geld.”

“Zeg nooit ‘nooit’, lieverd”, gniffelt opa. “Laten we maar eens afwachten, tot je een beroep hebt en je dan ook chic wilt zijn.”

Op dat moment slenteren twee paren langs hun heen. Ze zijn allevier bruin van de zon, met opvallende zonnebrillen in de moderne kapsels en heel chic gekleed, zoals men het kent uit bekende bladen.

Naast de jongere vrouw huppelt een grote, zeer magere hond met een spitse kop.

“Dat is een Afghaan”, weet opa. “Een echte rashond, - en mooi duur!”

Tussen de dames en heren loopt netjes een witte poedel met keurige krulletjes.

“En, - geloven jullie ons nou?”, vraagt opa knipogend.

“Ja, hier zie je veel rijken, - en natuurlijk ook beroemde mensen.” Nadenkelijk kijkt oma de paren achterna.

“Inderdaad, bijvoorbeeld ook Hansi Hinterseer”, zegt opa. “Hij woont in Kitzbühel. En daar in Hotel “Zur goldenen Gams” woont Uschi Glas af en toe. Jullie zouden gek opkijken, als je die ineens toevallig zou zien, wedden?”

Lucy wil niet wedden. Ze heeft door al het slenteren en kijken een groot gat in de buik.

“Klopt”, lacht opa. “We moeten ook wat eten, anders beginnen jullie mij zo nog op te eten.”

Hij loopt al naar een restaurant toe en houdt netjes de deur open voor zijn drie dames.

In Tirol vergeet de tweeling, wat ze het liefst eten: namelijk, - zoals bijna alle kinderen, - pizza, spaghetti of schnitzel met veel patat en ketchup. Dat kun je in Edertal ook eten!

Kitzbühel

Lara wil graag “fritattensuppe”, Lucy wil het liefst “leberknödel”. Daarna natuurlijk nog iets zoets: “kaiserschmarren” met appelmoes voor Lucy en “germknödel” met vanillesaus voor Lara.

“Poe, ik plof zo uit elkaar!”, steunt Lucy, als met de hulp van oma haar bord toch nog leeg is.

Lara laat zich door haar opa helpen, omdat haar maag te klein is voor zo’n grote ‘knödel’, - ook al lost het zich bijna als vanzelf op in de mond.

Intussen komt ook de zon door de wolken heen en zet de Tiroler huizen en de mooie oude stadpoort in een geweldig licht.

“Kijk, lieverds, zo mooi als het hier is”, straalt oma bijna net zoals de zon. “Ik kan begrijpen, dat de mensen graag naar Kitzbühel gaan. Het is een beetje... ja, zo romantisch, niet waar?”

“Precies!”, knikt de tweeling. Ze zijn verwonderd over de gekleurde geiten, die ze op verschillende plekken in de stad ontdekken.

Opa verklaart: “Dat zijn ‘Kitze’, - zo heten hier de gemzen. Ze zijn namelijk het kenmerk...”

“Van Kitzbühel”, onderbreekt Lucy. “En de ene gemse is nog mooier gekleurd dan de andere.”

Het beloofde ijs krijgen ze dan in Waidring van opa. “Zo kan de Tiroler lever met de uien in mijn buik even naar beneden zakken. Ik zit namelijk helemaal propvol.” Tevreden wrijft hij met zijn hand over zijn buik.

Hij parkeert de auto op de dorfplaats en dan loodst hij zijn dames gericht aan hotel Tiroler Adler voorbij naar het Café Schmid.

“Vandaag gun ik mezelf één van die beroemde stukken reuzetaart”, is hij heel moedig van plan. “Weliswaar alleen, als jullie me beloven, me te helpen bij het genieten van de taart.”

Met z’n vieren hebben ze moeite om het heerlijke stuk quarktaart op te eten.

Opa steunt: “Ik eet vanavond vrijwillig geen brood. Maar ik ben blij, dat ik gezondigd heb!”

Als ze voor het huis willen parkeren, staat er al een auto met een Berlijns kenteken.

“Hé, dat is Beatrice!”, roept Lucy vrolijk en kijkt zoekend om zich heen. “Tessa! Ronja! Hier zijn we!”

“Hallo, tweeling, wij zijn hierboven!”, horen ze Tessa’s heldere stem.

Blitssnel is Lucy langs de stenen muur omhoog geklommen en ze verdwijnt door het veld achter het huis.

De Berlijnse meiden zijn gekomen om afscheid te nemen.

“Moeten jullie echt al weg?”, vraagt Lara droevig.

“We komen weer terug!”, troost Beatrice Lara. “Met de Kerst komen we waarschijnlijk om te skiën. Jullie moeten dan voor sneeuw zorgen, als jullie een goeie verbinding met de God van het weer hebben. Het beste goed hoog, - zo’n twee meter of zo!“

„Komt helemaal goed! Op zijn minst drie meter!“, belooft de tweeling.

„Dit keer schrijven we elkaar wat vaker, okay? En niet alleen één keer per seizoen,“ stelt Ronja voor. „Ik wens zelfs extra mooi briefpapier voor mijn verjaardag.“

Lara rent naar de kinderkamer en komt met de handen op de rug weer terug.

„Welke hand?“, wil Tessa weten.

„Als er geen spin in zit, neem ik links.“ Ze vindt een witte kiezelsteen, die er bijna als een duivenei uitziet.

„Die heb ik bij de beek gevonden“, legt Lara uit. „Is een gelukssteen. Die mag je nooit verliezen, anders krijg je misschien pech.“

De steen voor Ronja is glad, heel vlak en glinstert blauwgroen met heldere vlekken.

“We gaan jullie twee missen!” vinden de meiden uit Berlijn bij het afscheid. „Maar zo is dat. We wensen jullie in ieder geval nog een fijne vakantie!“

En dan zijn ze weg.

De volgende zaterdagmorgen staat Lara in haar badjas voor de kalender en begint met haar vinger af te tellen: „Één, twee, drie, vier… Jee, Lucy, we zijn al vier weken bij oma en opa in Waidring. Ik kan het niet geloven.“

„Allemachtig!“, gaapt Lucy en wrijft over haar ogen. „Dan komen mama en papa volgende week zondag al. Weet je wat dat betekent, Lara?“

„Helaas!“, knikt Lara. „Nog maar twee piepkleine weken vakantie. Dat kan toch niet waar zijn!“

Lucy trapt de deken weg, grijpt Bobo, haar pluschpinguin, gooit hem naar het plafond en schreeuwt: „Gemeen! Gemeen! Zo ontzettend gemeen!“

Ook Lara’s konijn Felix wordt omhoog gegooid en landt op de vloer.

„Hallo! Ben je gek geworden?“ Woedend stort Lara zich op haar knuffeldier. „Wat kan mijn konijntje er nou aan doen?“

„Is toch waar!“, zucht Lucy. „Waarom is vakantie altijd dubbel zo snel voorbij, als school zelf? Dat is gewoon hardstikke gemeen! We protesteren! We willen verlenging van de vakantie!“

„We zijn nou één keer met z’n tweeën”, denkt Lara hardop. “Dan gaat waarschijnlijk de tijd dubbel zo snel.”

„Haha, goeie grap! Maar ik wil nog heel lang hier blijven!“, zeurt Lucy. „Mijn arme Bobo wil ook niet weg. Hier is toch zijn thuis.“

Lucy heeft de pinguin van oma cadeau gekregen, als ze met zeven jaar tijdens de skicursus bij de race de zilveren medaille won. Bobo pinguin, de mascotte van het Pillerseetal, gaf haar toen persoonlijk de medaille. De herinneringsfoto van de kleine Lucy naast de „echte“ grote, zwarte pinguin wordt nog steeds door de tweeling bewonderd. Voor Lucy komt haar Bobo gelijk na Lara en wordt overal mee heen gesleept. Ze drukt hem tegen zich aan, alsof haar lieveling de tijd zou kunnen stoppen.

Dan wordt er energiek tegen het raam geklopt. „Goeden morgen, slaapmutsen! De mevrouw met de verse broodjes is hier! Uit jullie nest!“

Oma zwaait met een grote zak. Snel trekken de kinderen hun kleren aan. Verse Tiroolse broodjes mag je niet laten wachten.

„La, vertel oma niks van net, alsjeblieft!“, smeekt Lucy. „Ach, als die twee weken nou eens een beetje langzamer zouden kunnen gaan!“

„Dat zou mooi zijn, Lu!“, knikt Lara. „Hopelijk zo langzaam als een slak!“

Moeten we misschien in Waidring naar school?

De week, voordat hun ouders komen, denkt er niet aan, om zo langzaam als een slak te zijn. In tegendeel! Die week heeft echt haast.

Natuurlijk zijn ze allemaal blij, als papa eindelijk hard toeterend de oprit oprijdt.

Er wordt veel geknuffeld, gekust en omarmd na vijf lange weken!

De tweeling brabbelt aan één stuk door.

Ze hebben ook zóóóó veel beleefd en ze zijn niet meer tegen te houden.

Pas als het donker wordt en de kaarsen bijna uitgebrand zijn, stuurt mama de kinderen naar bed: „Morgen is ook nog verteltijd, meisjes. Zo, nou vlot! Licht uit en welterusten!“

Lucy is al na een paar minuten in slaap gevallen. Lara heeft ontzettend veel appelsap gedronken. Ze moet nog een keer naar de wc. Zachtjes sluipt ze uit haar kamer. Als ze zachtjes weer teruggaat naar haar kamer, hoort ze de stemmen van mama, papa en oma uit de keuken. Mama praat tamelijk hard. Lara luistert nog even ingespannen. Is het iets belangrijks? „Het is niet meer te veranderen,“ hoort ze. „We kunnen niet zomaar afzeggen. Bovendien gaat het maar om een paar maanden. En we denken, dat ze zich echt prima voelen bij jullie hier…“

Lara’s oren worden steeds groter. Wie bedoelt mama? Waarschijnlijk de tweelingen!

Nu antwoordt oma iets zachter. Lara moet heel goed luisteren. Ze sluipt nog dichter bij de trap.

„De basisschool in Waidring maakt een positieve indruk. Met het onderwijs zullen ze ook geen probleem hebben. Ze hebben allebei een goed rapport.“

Zal Lara gewoon naar boven gaan en vragen wat mama en oma bedoelen?

Nou ja, misschien willen ze het zo laat ´s avonds niet meer vertellen. Waarom praten ze er anders pas over, als de kinderen al slapen – dat geloven ze tenminste.

„Dat dachten jullie! Maar jullie allerliefste Lara is nog wakker!“, knort ze.

In haar hoofd heerst alleen nog maar chaos. Ze heeft het koud en in haar buik zijn rare geluiden te horen. Ze kruipt snel onder de deken. Zal ze Lucy wekken? Misschien is het wel iets heel belangrijks en Lucy moet het persé vandaag nog te weten komen. Misschien is ze wel boos, als Lara haar niks vertelt…

Onzin, ze wordt sowieso niet goed wakker. Gelijk morgen bij het ontbijt wil ze vragen, wat de volwassenen deze avond voor belangrijks te bespreken hadden, - zonder nieuwsgierige kinderen!

Papa heeft net de eerste hap van zijn broodje in z'n mond, dan vraagt Lara heel nonchalant: „Wat bedoelde oma met: Wij hebben goede rapporten en zo?“

Tegelijkertijd probeert ze erg onverschillig van de één naar de ander te kijken.

„Geweldig!“ Papa verslikt zich bijna en praat niet al te duidelijk met z'n volle mond: „Betekent dat, dat de dames ons beluisterd hebben?“

„Helemaal niet,“ weert Lara af. „Ik moest naar de wc en jullie hebben zo hard gepraat, - ik heb alleen iets over de basisschool gehoord en over rapporten.“

Lucy kijkt verbaasd rond: „Hé, mij vertelt niemand iets, - niet eens mijn lievelingszus. Ik word hier gek van!“

„Hoezo, ik weet toch ook niks“, moppert Lara en kijkt knipperend van mama naar papa naar oma en opa.

Mama kijkt papa aan, papa kijkt mama aan. Tegelijkertijd zeggen ze allebei: „Vertel jij het maar! Jij kunt dat het beste!"

Oma glimlacht: „Jullie zijn grappige ouders. Okay, meiden, zal ik het jullie zeggen? Maar jullie laten me uitpraten, is dat goed?"

Haar gezicht wordt ernstig. Alleen in haar ogen is een klein vonkje lachen te zien.

„Jullie arme ouders hebben namelijk een piepklein probleempje met hun werk. En daardoor ook met jullie twee."

Lara kijkt Lucy aan. Die staart voor zich uit, - maar haar ogen worden steeds groter en verbaasder. Net als twee vraagtekens.

„Dit werk moeten we helaas in het buitenland doen, - of we dat nou leuk vinden of niet", gaat papa verder. „Werk is nou een keer werk! Daar valt niet over te praten, anders ben je het werk zo ineens kwijt. En dat willen we toch ook niet, of wel?"

Zwijgend schudden de kinderen hun hoofd.

„Zie je, daarom moeten jullie ouders voor een paar maanden naar Engeland om daar te werken", spreekt opa verder.

„Oeff!", schrikt Lucy. „En wij moeten mee. – Maar we kunnen niet eens zo goed Engels praten…"

Opa begint hard te lachen: „Nou, dat is het hoogtepunt! Ze willen mee naar Engeland! Wat vinden jullie daarvan? Is dat niet een goeie grap `s morgens?"

„Dat willen we helemaal niet!" Lara huilt bijna.

„Moeten jullie ook niet, lieve schatten", troost oma. „Jullie mogen hier blijven, - maar alleen, als jullie het daar mee eens zijn. Denk daar maar eens rustig over na!"

Een poosje is het helemaal stil, zodat ze zelfs Sonny onder de tafel horen snurken.

De meisjes kijken elkaar zwijgend aan. „Willen we?", zeggen hun ogen. Dan knikken ze allebei als op commando. En of ze willen! – Maar willen papa en mama dat ook? Verlegen kijken ze hun ouders aan. Mama kijkt, alsof ze gelijk begint te huilen.

Papa zucht diep en zegt met vastberaden stem: „Het gaat helaas niet anders. Laten we het niet nog moeilijker maken. We weten toch, dat jullie verstandige kinderen zijn.“

„Moeten we…“, Lara verslikt zich door de opwinding en Lucy springt snel voor haar in: „Moeten we dan in Waidring naar school?“

Dat zal wel moeten“, zegt mama en ze heeft nu toch natte ogen.

„Maar hier begint de school pas in september“, weet opa en laat z'n kwajongens-gezicht zien. „Dus hebben jullie drie weken meer vakantie als in Edertal. Zoveel geluk hebben natuurlijk mijn lieverds!“

De tweeling hapt naar lucht. Drie weken vakantie extra!

„Jee, Lara, ik kan het niet begrijpen!“, krijst Lucy. „Zóóó lang geen school! Jippiieee!“

Ze vallen elkaar om de nek. Als dat de anderen uit de klas eens wisten. Die zouden hardstikke jaloers zijn.

„Waar wonen jullie dan in Engeland?“, wil Lucy weten, nadat ze genoeg gejubeld hebben en hun vreugdedans klaar is.

„Werken doen we midden in de hoofdstad, maar we wonen een stukje buiten de stad“, zegt papa.

„In New York?“, denkt Lara hardop.

Lucy proest het uit: “Bingo! Ze vliegen over de zee naar America. Haha! De hoofdstad van Engeland begint met een L. Net als bij jouw naam, Lara, dommerd.”

„Ok, logisch, dat bedoelde ik ook.“ Lara wordt rood, omdat iedereen zit te grijnsen. „Londen is dat. Dat weet toch ieder kind. Is Londen eigenlijk erg groot?”

Mama knikt. “Inderdaad, zelfs heel groot. En weten jullie wat? Als we met ons werk klaar zijn, vliegen we een paar dagen met jullie naar Londen en laten jullie alles zien. Dat zou toch geweldig zijn?“

De tweeling is sprakeloos.

„Dat zou echt helemaal geweldig zijn!“, stottert Lara.

„Geniaal!“, straalt Lucy. „Zelfs gigantisch!“

„Mogen wij ook mee?“, vraagt oma, maar opa bromt:

„Nee, nee, laat ons twee oude takken maar in Tirol. In Londen is het me veel te druk. En de honden willen daar al helemaal niet naartoe, klopt het Balu?”

De reu blaft opgewonden en springt tegen opa’s stoel aan.

„Daar hebben jullie een antwoord, wereldreizigers“, lacht oma.

Gelijk na het ontbijt moet Lucy Sandra opbellen.

Ze doet heel geheimzinnig en mompelt iets van geweldig nieuws, voordat ze de bom laat barsten.

Sandra is natuurlijk helemaal door het dolle heen: “Ja, dan komen jullie toch bij ons in de klas! Dat wordt pas leuk! Dan zullen de anderen wel opkijken. Nee, ik verraad niks voor de eerste schooldag. Beloofd!”

“In jullie klas?”, peinst Lucy. “Hoe kun jij dat nou weten, Sandra? Als we nou in de andere vierde klas moeten...”

“Nee! Bij ons is ieder jaar maar één klas. Dan kunnen jullie alleen maar bij ons in de klas komen. Hé, dat wordt echt héél leuk met jullie twee! De lerares kent jullie vast en zeker niet uit elkaar.”

De tweeling is van plan om niemand, behalve Sandra, ook maar één woord te verraden. Ze gaan straks gewoon met de anderen naar school, - heel vanzelfsprekend.

“Wow, die krijgen waarschijnlijk ogen zo groot als soepborden”, grapt Lara.

In de week met mama en papa zijn de grootouders tijdelijk 'afgeschreven' en hebben tweelingspauze", zoals opa het noemt.

Iedere dag zijn ze allevier onderweg. Ze willen echt goed gebruik maken van de gemeenschappelijke tijd.

Op maandag hebben ze héél mooi weer. Bij het dalstation van de gondelbaan wachten ze, tot één van de nieuwe groene gondels, die er uitzien als een duikklok, die gelijk nieuwsgierig maken naar de onderwaterwereld van 'Triassicpark'.

Langzaam laten ze zich naar de Steinplatte brengen. Moedig stappen ze naar het eerste kruis op de top van de berg.

"Boeoe!", doet Lucy, als ze langs een kudde met koeien komen. "Boeoe!"

Nieuwsgierig draven de lichtbruine dieren op hun af en luiden hard met de zware klokken. Papa lokt ze. Mama en Lara blijven op een respect-afstand. Papa aait ze tussen hun kromme horens. Lucy aait voorzichtig over de fluweelachtige, warme muil en laat haar vingers door de lange ruwe tong van de koe aflikken.

"Jullie zijn wel knap met die mooie zachte bruine ogen", zegt mama. "En allemaal zo netjes schoon."

Papa lacht: "Jullie hebben het goed hier op de alm! Jullie mogen de hele dag sappig gras en lekkere bloemen vreten en kauwen en kauwen."

"Daar staat een koe, die heeft laarzen aan." Lara wijst op een dier met vier witte poten. "Kun je die koe even filmen, papa?"

Dan hoor je de camera al zoemen.

"Jullie zijn nu filmsterren, koeien. Doei! Tot de volgende keer!", neemt Lucy afscheid. "Daag!"

"Boeh!", doen de koeien. "Boeh!" Ze zien er echt tevreden uit.

Later klimmen ze over grote rotsblokken naar de tweede bergtop. Van daaruit hebben ze een sprookjesachtig uitzicht over het hele Pillerseetal.

“Wie weet, hoe hoog we hier zitten?”, vraagt papa.

“Boven de duizend meter?”, raadt Lara.

“Nou en of”, lacht papa. “Ik geloof, dat het ongeveer achttienhondertnegentig meter boven de zeespiegel is.”

“We zijn nog nooit zo ver boven geweest!”, constateert Lucy trots. “De Peterskopf aan de Edersee is niet eens half zo hoog.”

Deze keer filmt mama de drie bergbeklimmers en maakt nog gauw een paar foto’s voor de klassenkameraden in Edertal.

“Of ze ons ook vermissen?”, denkt Lara hardop en heeft plotseling een trieste uitdrukking.

“Natuurlijk”, is Lucy overtuigd. “We moeten ze natuurlijk vaker schrijven, hoe het hier is en wat we allemaal doen.”

“Niet teveel verzinnen, hoor”, waarschuwt papa. “Anders willen ze allemaal op bezoek komen in de herfstvakantie.”

“Wààt? Zo lang zijn jullie weg?”, Lara hapt naar lucht.

“Wanneer komen jullie eigenlijk terug uit dat Engeland?”, vraagt Lucy.

Mama antwoordt droevig: “Konden we dat maar precies zeggen.” Verdrietig neemt ze de beide meisjes in de arm. “Ik ben bang, dat we een beetje geduld nodig hebben.”

“Ach, mammaatje, we zullen jullie echt missen. Je gelooft niet, hoe we jullie missen!” Lara knuffelt tegen mama aan. “Jullie bellen iedere dag op, okay? Beloofd?”

“En stuur ons zoveel mogelijk mails en kaarten van Londen, okay?” Lucy knuffelt aan de andere kant.

“Beloofd, lieverds. Jullie kennen toch mama”, verzekert papa.

Afscheid onder tranen

Dinsdagmorgen willen hun ouders de klokkengieterij van Lugmair bekijken, -de oudste van Tirol, - en zelfs in Waidring! Natuurlijk wil de tweeling mee.

Geboeid kijken ze, als één van de beroemde Tiroolse koeiebellen gegoten wordt. – Met een massa die 1300 graden heet is.

Hoe mooi de gepoleerde bellen glanzen! Nu wordt de klepel eraan gemaakt en ..... klaar!

"Dat klinkt net zo als de koeien gisteren op de alm", verheugt zich Lara. – "Ik dacht, dat hier de kerkklokken werden gemaakt", zegt Lucy. "Natuurlijk gieten we die ook." Wolfgang, de baas, doet de beschermkap van zijn gezicht. "Maar niet zo vaak als die vele koeienbellen. We maken ook figuren, bijvoorbeeld van de heilige Adolari. Die grote bellen krijgen dan een naam, een wapen of een jaartal. En die zijn geweldig zwaar! Die daar staat, die weegt zo'n negentig kilo."

"Cool! Zoveel wegen wij nog niet eens met elkaar, La", rekent Lucy. – "Sinds wanneer zijn wij bellen?", grinnikt Lara.

"Als jullie in de herfst hier zijn, als de koeien van de alm komen, horen jullie het bellenconcert in het hele dorp. Ik beloof het, het klinkt echt hemels!", zegt de seniorbaas bij het afscheid.

Ze zijn net klaar met middageten, dan stelt mama voor om naar Weißbach bij Lofer te rijden naar de Seisenbergklamm, alhoewel de hemel er al aardig duister uitziet. Ze worden daar kletsnat, maar het is toch heel leuk om over de glibberige, smalle, houten steigers boven de wilde beek te balanceren en tussen de steil naar boven staande rotswanden de hemel bijna niet te kunnen zien.

’s Woensdags is er geen berg te zien. De dichte wolken hangen tot in het dal. Gelukkig regent het niet. Opa stelt voor om met de hele familie naar Salzburg te gaan. Voor een bezoekje aan de stad, is er geen zon nodig. Als er maar geen regen komt!

Het regent niet, - zo lang, tot ze een parkeerplaats hebben gevonden, - midden in de duistere garage in de berg.

Ze zijn net een paar meter door de Getreidegasse geslenterd, als het begint te druppelen. Snel trekken ze een regenjas aan. Hier, waar het zo vol is van toeristen uit alle landen van de wereld, zouden paraplu’s alleen maar in de weg zitten.

“Hier, mijn heerschappij, staat U voor het geboortehuis van de wereldberoemde componist Wolfgang Amadeus Mozart uit Salzburg.” Oma wijst op een gedenkplaat boven de ingang.

“Mozart is ook al in Waidring geweest”, schiet het Lara ineens weer te binnen. “Voor Gasthof Post staat een kop van hem en daaronder staat geschreven, wanneer hij hier was, al heel lang geleden.”

“Zijn buste, noem je dat, wat jij bedoelt”, verbetert papa. “Met zijn vader Leopold Mozart en misschien ook wel met zijn zus Nannerl is de jonge Wolfgang met de postkoets op reis naar concerten in Waidring geweest.”

“Als ik me goed kan herinneren, was dat op dertien augustus in 1771”, schiet het oma te binnen.

“Compliment, lieve oma!”, zegt mama. “En hoe lang is dat dan al geleden, Lara-Lucy?”

“Precies 237 jaar, nieuwsgierige mama”, weet Lucy prompt te antwoorden.

“Wat? Zo oud is die muziek?”, is Lara verbaasd.

“Ja, en daarom zijn er regelmatig Mozartavonden in Gasthof Post met zijn heerlijke muziek”, herinnert zich opa.

“Daar moeten we maar eens samen naartoe. Dat zou jullie best goed bevallen.”

Ze slenteren van de ene door de andere smalle, hoge steeg.

Omdat ze al aardig nat worden, gaan ze gauw met een groep lachende en kletsende toeristen uit Korea in de grote dom.

“Jammer, vandaag kunnen we niet naar de dierentuin”, betreuren de kinderen, die zich al hadden verheugd op de dieren uit de bergwereld.

Opa belooft: “Dat halen we bij mooi weer in. Dan gaan we ook naar de vesting, als jullie willen. Daar waren we ook al lang niet meer.”

Helaas begint ook de donderdag koel en miezerig en met veel wind. Bijna tot op de daken van de huizen drijft een grijze waas van wolken door het dal

“Wat een rotweer! Uitgerekend nu, als wij vakantie hebben”, ergert mama zich.

“Zwembadweer!”, verbetert papa. “Vandaag heb ik zin in Thermaal Spa. Maar eerst nog de oude Saline. Het wordt tijd, dat jullie weten waar het zout op jullie ei bij het ontbijt vandaan komt.”

Ze laten opa met de teleurgestelde “roofdieren” alleen en rijden met oma naar Bad Reichenhall. Daar in de oude Saline duiken ze in de verleden tijd van voor tweehonderd jaar naar de ondergrondse gangen en zoutgrotten. Ze bewonderen de pompen en het grote waterrad. Later, in het zoutmuseum, zien ze nog beter, hoe zout wordt gewonnen.

Na de maar 12 graad koude lucht onder de aarde, genieten ze nu nog meer van het heerlijk warme zoutwater in de “Rupertus Therme”. Hier maakt het weer niks meer uit en ze hebben ontzettend veel lol.

Vrijdag komt tegen tien uur de zon er zelfs door.

“Mensenkinderen, hoera, de bergen zijn er!”, zingt Lara.

Oma vindt: “Wat een zegen! Ik heb ze gewoon gemist.”

“Ik ook”, vindt papa en stelt voor om door de Weißbachschlucht te wandelen. “We kunnen naar Weißbach naar boven lopen en dan daar middageten. Hebben jullie geen zin om mee te komen, oma?”

“Dat is het idee van de dag!”, verheugt zich oma. “Dan blijft onze keuken vandaag koud! En jij, lieve opa, komt later met de auto achter ons aan en dan kun je gelijk de moeie wandelaars inzamelen.”

Het wordt een heerlijke wandeling door de Weißbachschlucht. Tussen de steile rotsen zoekt de Weißbach z’n weg over dikke rotsen en ruisende watervallen. Ze blijven iedere keer weer staan, om de schuimende beek te bekijken.

“Kijk eens naar boven, wandelaars!”, roept oma tegen het ruisende water in.

“Dat ziet er geweldig uit”, vindt papa. “Je hebt het gevoel alsof je heel klein bent, hier van beneden.”

“Ik wil daar liever niet naar boven klimmen.” Lucy trilt. “Dat is verschrikkelijk steil.”

Mama lacht: “Jullie zijn ook geen apen of berggeiten.”

In één van de vele grotten in de rotswanden ontdekt Lara een kleine Madonna met haar kind op de arm. Iemand heeft er nog een klein bosje bloemen bij gedaan en een kaars ernaast gezet.

Lara enthousiast: “Dat is lief! Hopelijk maakt niemand het kapot of iemand neemt het zomaar mee.”

Oma stelt haar gerust: “In de bergen staan heel veel heilige figuurtjes. De mensen bidden bij deze figuren om bijvoorbeeld beschutting bij onweer te vinden of tegen boze geesten. En daarom zal ook nooit iemand ze met opzet kapot maken.”

Stiekem vouwt Lara de handen en fluistert: "Heilige Maria, moeder van God, maak dat alles goed wordt, - ook zonder papa en mama. Bescherm ons allemaal in Waidring en in Londen! Amen!"

En Maria en de kleine Jezus kijken haar glimlachend aan.

Bij de eerste wegwijzer naar Oberweißbach besluiten ze, om nog een stuk verder langs het water de berg op te wandelen tot de volgende wegwijzer. Oma laat de honden van de lijn. "Zo ver weg van het dorp, zal het toch niemand storen", vindt ze. "Jullie moeten alleen helpen met oppassen, of er wandelaars of fietsers komen."

Snel heeft Balu een stuk hout om te gooien gevonden en laat het onvermoeibaar voor de voeten van zijn vrouwtje vallen. Hij blaft er uitdagend bij. Sonny probeert intussen over de grote stenen naar de beek te klauteren. Oma stuurt haar terug: "Dom wijfie! Val nou niet in het water."

Behendig als een gems klimt de teef de berm weer op. Ze houdt ontzettend van deze klimpartijen net als een ervaren bergwandelaar.

Als ze eindelijk Gasthof Oberweißbach bereiken, een beetje buiten adem van het klimmen, zien ze opa's auto al uit de verte.

De tweeling rent er op los: "Hoera, opa is er!"

Onder een parasol zit hij al lekker op het terras. Bijna alle plaatsen op het terras zijn vol met wandelaars.

"Hierboven is het mooi!", constateert oma. "Waarom zijn we al zo lang niet meer hier geweest?"

"Geen idee", zegt Lucy. "Kunnen we naar de speelplaats gaan?"

"Hebben jullie geen honger?", wil mama weten.

"En hoe! We hebben zin in Käsespätzle", antwoorden ze prompt.

“Okay, dan ga maar, indianen! We maken dan rooktekens, als jullie eten klaar is”, lacht papa.

De kinderen flitsen weg naar de speelplaats. Hijgend komen ze na een klimpartij bij de lange glijbaan aan. Op de speelplaats dollen kleinere en grotere kinderen.

Bij de trampoline moeten ze zelfs in de rij staan, tot ze aan de beurt komen om te springen. Daarna klimmen ze verder omhoog naar de kabelbaan. Ze gaan eerst allebei een rondje alleen, dan roept Lucy: “Kom nou, La, neem me mee!”

Als een katje springt ze bij Lara op schoot.

“Jippieeeeeeee!”, schreeuwt ze en zwaait naar het terras.

Tamelijk hard landen ze en draaien dan weer terug. Lara valt hard op het zand en schreeuwt: “AU!” Ze valt op hard op haar rechter knie.

“Oeps, La, je bloedt!” Geschrokken trekt Lucy haar zus weer op de been en ondersteunt haar tot de indianentent. “Doet het erg zeer, arme zus?”

Ze zitten op het houten bankje. Voorzichtig veegt Lucy met een papieren zakdoekje het bloed van Lara’s knie.

“Au, dat brandt heel akelig!”, jammert Lara en tovert nog een paar tranen tevoorschijn.

“Het is zo weer over”, troost Lucy. “Het is alleen maar een schaafwond. Niet zo heel erg.”

Dan horen ze papa fluiten: ‘Hallo, het eten is er!’

De heerlijk ruikende Spätzle zijn een ideaal troostpleistertje.

Als de borden leeg zijn, - met hulp van Sonny en Balu - , halen de kinderen papa en mama over om mee te gaan naar de speelplaats. Ze kunnen de tijd nemen, want opa heeft nog zin in iets zoets als toetje.

“Wie deelt er met mij een pannekoek met ijs?”, vraagt opa aan allemaal. Lara vindt dit toetje heerlijk; het is echt heerlijk zoet.

Eindelijk schuift oma haar stoel terug. “Het is zo vier uur. Wie gaat er met ons lopend weer de berg af?”

Als op commando trekken de honden gelijk aan de lijn. Ze moesten al zo lang stil onder de tafel liggen. Mama en papa willen graag meelopen. De tweeling grijnst schalks naar opa.

“Er moet toch iemand met jou meerijden, lieve opa. Als dank voor het heerlijke eten”, vindt Lucy.

Lara grijnst: “Prima! Marcheer jij dan maar mee, Lu, want opa heeft vast genoeg aan één meerijder. Mijn arme knie vindt het vast prima om gereden te worden.”

“Nee, nee, een tweeling komt zelden alleen”, grijnst Lucy terug en weet opa gelijk nog over te halen om nog een pruimensap te bestellen. Ze hebben geen haast. Met de auto zijn ze langs de bochtige weg zo beneden.

‘s Avonds schiet Lara te binnen, dat ze haar ouders de nieuw aangelegde processieweg naar Schäferau nog niet heeft laten zien. Ook opa heeft wel zin aan een wandeling.

Direct bij de Hackenschmiede begint de weg. Twee vierkante grijze stenen zuilen dragen het kruis met het romeinse getal I. Op het messing bordje herkennen ze Jezus voor de rechters.

“JESUS WORDT TEN DODE AAN HET KRUIS VEROORDEELD”, leest Lara voor.

Achter elkaar lopen ze door het bos naar boven en blijven bij ieder station bewonderend staan. Ieder beeld is een klein kunstwerk en vertoont een scène op weg naar het kruis.

Opa zegt: “Overigens komt de houtgesneden heilige Christopherus in de woonkamer van dezelfde kunstenaar als deze kunstwerken van de kruisweg. De Waidringer houtsnijder Andreas heeft ieder motief eerst gesneden, voordat het door de gieterij Foidl in metaal gegoten werd.”

"Arme Jezus!", piekert Lara bij de stations VII, X en XI. Ze vertonen, hoe Jezus met een zweep geslagen wordt, omdat hij onder de last van het zware kruis in elkaar zakt. Ze sjorren de kleren van zijn lichaam en slaan hem bruut aan het kruis.

"Waarom waren de Romeinen zo gemeen tegen hem?"

Na het dertiende station komt de Schäferaukapelle in zicht. Lucy ontdekt naast een stenen altaar het laatste beeld met het getal XIV, waarop twee mannen het lijk in het graf leggen.

Op het altaar is een messing boek gemaakt, wat open ligt en daarin staan de namen geschreven van de heren van de Männergemeinschaft uit Waidring, die de kruisweg hebben aangelegd. Ernaast staan de vele sponsors uit de gemeente.

"Mooi, als zoiets wordt gedaan in een klein dorp als Waidring", vindt opa erkennend. "Dat is een aanzienlijke gemeenschappelijke prestatie. Echt bezienswaardig!"

Op zaterdag kan Lara niet eens over de grappen van Lucy lachen, die Lucy maakt om haar tweelingzus op te vrolijken. Ze ziet ontzettend tegen het afscheid van morgen op!

Ze wil niet eens haar bord met patat en worstjes leegeten en heeft geen zin meer in vanilleijs met frambozen. Mama ziet er ook niet echt gelukkig uit. Er schieten haar vooral steeds meer regels binnen voor de kinderen, tot papa zich er mee bemoeit: "Langzamerhand zal het wel genoeg zijn, schat! Je hebt geen luierkinderen meer, als je dat vergeten hebt. Ik denk, dat onze tweeling al heel goed op zich zelf op kan passen, - zelfs zonder hun lieve ouders!"

"Nou ja, maar...", zucht mama en zegt niks meer, maar dat vindt ze erg moeilijk.

Na een afscheid met heel veel tranen, rijden hun ouders precies om acht uur de Pillersee-straße in. Lucy zwaait nog eens hard met allebei haar armen, voordat ze Lara in de armen neemt.

“Genoeg met verdrietig zijn, La! Denk nou gewoon aan drie weken extra vakantie! En, is dat een reden om te huilen?”

“Nee”, snuft Lara en veegt energiek de dikke tranen af.

“Jullie hebben het toch ook wel goed!”, zegt oma. “En we gaan het met elkaar gelijk weer heel gezellig maken, - ook zonder de Engelsen. Akkoord?”

“Ach, mijn schat, jij bent de allerbeste!” Opa neemt oma in de armen.

“Zo zo, en wij?”, vraagt Lucy verwijtend.

“Wat is met ons?”, wil Lara verwonderd weten.

“Nou, jullie natuurlijk ook, dondertjes!”, glimlacht oma tevreden.

Twee weken later schrijft Lara een email aan haar ouders:

“Vrijdag 15 augustus. Vandaag is een vrije dag. Maria Himmelfahrt. Ik was om acht uur met oma in de kerk voor een koorrepetitie. Alle zangeressen in een Dirndl, heel feestelijk! We hebben feestelijke liederen geoefend, over Maria, met het orgel. Om 9 uur mis. De mensen brachten kruidenbosjes in witte doeken gewikkeld naar het altaar. Die werden door de pastoor gewijd. Met Kerst kunnen de koeien dat dan vreten. (Alleen de kruiden natuurlijk!) Of ze dan gelukkige melk geven? Tot gauw! Jullie Lara-Lucy

My name is Lara Goldmann!

Helaas zijn de drie extra weken niet langer als iedere andere vakantieweek. Het weer blijft fantastisch! Zwembad en Pillersee lokken veel meer als de fietsen.

Anna wil een keer weten: "Wanneer begint bij jullie in Duitsland de school weer? Moeten jullie niet gauw weer naar huis naar jullie ouders?" "Ach, dat is heel verschillend", leidt Lucy gauw af. "Het hangt er van af in welke deelstaat je woont." Lara vult nog aan: "Het duurt nog even. Gelukkig! We hebben helemaal geen zin in school."

"Ik wel", zegt Anna. "Mijn moeder vindt altijd, dat negen weken vakantie veel te lang zijn. We verleren dan weer alles, wat we afgelopen jaar geleerd hebben. Herfstvakantie zou beter zijn."

"Hoezo?", vraagt Lara geschrokken. "Is er geen herfstvakantie in Tirol?"

"Nee, hoezo?", wil Julia verwonderd weten. "We moeten nu hard werken tot de Kerst."

"Oh, wat een schrik!", steunt Lucy. "Jullie zijn arm!" Zachtjes fluistert ze Lara in het oor: "Wij zijn arm!"

Ineens zijn het nog maar drie dagen, totdat de school begint.

"Mama en papa waren eigenlijk best slim, dat ze onze schooltassen gelijk meegenomen hebben", constateert Lara. "Ik ben wel benieuwd welke boeken we hier krijgen", zegt Lucy.

's Zaterdags voor de eerste schooldag in de Waidringer Volksschule wordt Lucy wakker van het gesteun van iemand. Verward gaat ze in bed zitten. Lara rolt heen en weer op haar kussen en jankt:

"Nee! Nee! Laat me los!"

Buiten is het al licht. Lucy schudt haar zus. “La, hé, wordt wakker! Wat heb je nou?”

Lara doet met moeite haar eerste oog open en mompelt: “Zijn ze weg?”

“Wie moet er weg zijn, La? Je hebt gedroomd. Wordt eerst maar eens wakker!”

Lara doet haar tweede oog open en knippert nog slaapdronken met haar ogen.

“De monsters, ... ze zijn weg... oh, ik was zo bang...”

Langzamerhand komt ze een beetje bij en ze kan Lucy over de verschrikkelijke droom vertellen: “We moesten in de nieuwe klas. Er waren maar een paar kinderen, maar hele kleine, net baby’s, ... en de lerares was reuzegroot, ... tot aan het plafond, ... en uit de kast zijn monsters gekropen, ... héél véél ... ach, Lu, die waren zo verschrikkelijk! En ze moesten lachen, - de hele tijd verschrikkelijk lachen...”

“Nu zijn ze weg”, stelt Lucy haar gerust. “Stel je voor, La, ik heb zo’n onzin over de school bij elkaar gedroomd. Maar het was eerder grappig! Hé, de hele tijd hebben we grappige dingen verteld. Iedereen moest er hard om lachen. De lerares moest nog het hardst lachen – die kon helemaal niet meer ophouden, - en dan is ze door het lachen geëxplodeerd.”

“Poeh, wat een onzin!”, zucht Lara en wrijft de laatste monsterrestjes uit de ogen.

Tijdens het ontbijt luisteren oma en opa naar de vreemde dromen. “Zijn jullie misschien een beetje bang voor de nieuwe school?”, vermoedt opa. “Zo erg zal het niet worden”, moedigt oma aan. “Jullie kennen toch al bijna de halve klas van het zwembad, niet waar?”

“Zoveel nou ook niet”, weegt Lucy af. “Maar ze vreten ons vast niet op. We gaan er maandag gewoon naartoe en peng!”

Plotseling begint oma te lachen: "Weten jullie wat? Ik heb een grappig idee. Vraag Sandra maar eens, of ze vandaag tijd heeft voor jullie."

Op maandag moeten ze op tijd uit bed. De school in Waidring begint om half acht.

"Zo vroeg!", moppert Lara. "Dat is al voor het opstaan."

"Nou en? Dan is het ook vroeger afgelopen", combineert Lucy. Op de eerste dag na de zomervakantie verzamelen zich alle vier klassen voor de school.

De kinderen uit de vierde klas zijn dit jaar de 'groten'. De nieuwe 'kleinen' staan vol verwachting tussen hun ouders, - sommige iets bang, anderen weer heel opgewonden.

Eindelijk komt de lange stoet in beweging in de richting van de kerk.

Omdat het zo'n feestelijke dag is, straalt de zon vandaag net zo hard als de nieuwe 'mini's' van de school. Ook de grotere kinderen komen na negen lange vakantieweken vandaag graag weer, - bijna allemaal!

Een brommen en zoemen is te horen in de kerk. Plotseling wordt het muisstil. De godsdienst voor het schoolbegin gaat beginnen.

Helemaal achteraan in de laatste rij, links, waar de vrouwen altijd zitten, zit ook Lara, - dicht tegen oma aan, met een kloppend hart.

Helemaal achteraan in de laatste rij, rechts, waar de mannen altijd zitten, zit ook Lucy, - dicht tegen opa aan, helemaal opgewonden.

Zachtjes zijn ze bij de zware houten deur naar binnen gekomen. Niet eens Sandra draaide zich naar achteren om. Van hier uit ziet de tweeling maar weinig van de pastoor en zijn vier misdinaren in hun groen-witte jurken.

Lucy moet gapen. Ze legt haar hoofd tegen opa's schouder aan en bekijkt het grote schilderij aan het plafond. De dikke turkenkoning daar boven onder zijn tulband kijkt met een plezierig gezicht, denkt ze. Hij heeft er ook een reden voor, zoals hij zich door z'n slaven laat bedienen. De vrolijke moorjongen met de grote ronde zwarte ogen moet voor hem de voorname bontomhang vasthouden. Twee grappige jongens brengen kruiken met lekkere dingen om te eten en te drinken...

Nu begroeten de indische pastoor en kloosterzuster Barbara alle nieuwe scholieren heel hartelijk.

"Hartelijk dank!", mompelt Lara. Ze horen per slot vanaf vandaag ook bij de 'nieuwen'.

Ze kijkt naar boven naar de geweldige kroonluchter. "Als die naar beneden valt!", gaat het haar door het hoofd. "Dat kan gelukkig niet gebeuren, door de dikke ijzeren ketting."

Ze telt de kaarsen, die veel licht geven in de kerk.

Een paar keer moet ze opnieuw beginnen. Eerst de onderste circel, dan de middelste en dan de kaarsen helemaal bovenaan. Ze telt er meer dan veertig.

Dan is de kerkdienst afgelopen. Lara en Lucy maken zich bijna onzichtbaar achter oma en opa. Maar geen één van de kinderen uit Waidring kijkt in hun richting, terwijl de klassen in een rij weer de kerk uitlopen. Eindelijk is er niemand meer te zien. Juichend springen de meisjes uit de kerkbank.

"Alles in orde, La?", roept Lucy. – "Tuurlijk, tweeling!", proest Lara.

"Sssst!", Opa houdt de hand voor de mond en wijst naar het altaar.

"In de kerk wordt niet geschreeuwd, dat weten jullie toch!"

“Ach opa!”, zegt oma zachtjes. “Ze hebben toch alleen maar plankenkoorts. Ik kan ook bijna niet meer wachten. Kunnen we starten?”

“Gelijk dames!” Hij zet z’n kwajongensachtige opagezicht op, want hij verheugt zich net zo op het verrassingsoptreden. Snel doet hij z’n vingertoppen in het kleine bakje met wijwater naast de ingang, maakt een kruisje en doet een klein kniebuiginkje. De tweeling doet het hem na.

Oma commandeert: “Op naar de vijand!” en duwt ze naar buiten. De les in de vierde klas is net begonnen, als er hard aan de deur geklopt wordt. De lerares stuurt Manuel naar de deur om open te doen en alle kinderen staren naar de deur. Bij de deur staan oma en Lara.

“Goeden morgen!”, zegt de lerares. “Jij bent dus onze nieuwe klasgenoot? Dat is mooi. Kun je ons je naam zeggen?”

Zonder lang na te denken, - ze flapt het er zo maar uit, - hoort Lara zichzelf luid en duidelijk zeggen: “My name is Lara. Lara Goldmann! And I am from Edertal in Germany.”

De lerares is verwonderd. De kinderen hebben hun mond open staan van verwondering. Lara voelt hoe ze ineens knalrood wordt. Maar het is gelijk duidelijk.

De lerares geeft Lara haar rechter hand en lacht vrolijk: “Oh, I see you speak English very well, my dear Lara. You are welcome in our class!” Ze draait zich naar de klas om, doet haar hand naar boven en alle kinderen staan op. In koor roepen ze: “Good morning, Lara!” Alleen achter uit de klas is duidelijk te horen: “Goeden morgen!”

Een paar meisjes beginnen te grinniken. De lerares dreigt met haar vinger: “Who is sleeping today? Wake up, please!”

Daniel maakt zich heel klein op z’n plek. Hij had liever nog vakantie gehad. De plaats naast Judith is vrij. Lara kan naast haar zitten. Anna staart naar haar en fluistert: “Wat... en waarom...?”

Julia en de drie jongens krijgen de mond niet meer dicht.

“Hé, waar is je...?”, wil Fabian vragen. Dan sist Sandra: “Ssst, gekkerd! Wees stil en wacht gewoon af!” Verward kijken de anderen Sandra aan. “Ik begrijp helemaal niks meer”, mompelt Julia.

Oma neemt afscheid om haar dan bij de schooldirecteur aan te kunnen gaan melden.

“We zijn blij, dat je vanaf vandaag bij ons bent, Lara”, zegt de lerares vriendelijk. “Straks vertel je nog wat over jezelf, ok? Maar nu moeten we maar gauw met de les beginnen. Jullie willen toch allemaal gauw weer naar huis.” “Tuurlijk!”, brult Stefan er tussen door.

Lara knikt dankbaar en kijkt iedere keer scheef naar de deur van de klas. De lerares wil net het nieuwe rooster uitdelen, als er weer aan de deur geklopt wordt.

“Kom binnen”; grinnikt Sandra zachtjes. Dit keer moet Remona de deur open doen.

In de open deur is nu opa te zien en hij duwt zachtjes Lucy naar binnen.

“Dat is nou ook wat!”, is mevrouw Brandt verwonderd. “Komt er nou nog iemand bij ons in de klas?”

Dan verslikt ze zich bijna, als ze het tweede nieuwe kind beter aankijkt.

De klas staart naar Lucy, dan draaien ze zich allemaal naar Lara om..., - dan proest Sandra erop los. Ze lacht en lacht en kan helemaal niet meer ophouden. Nu hebben Julia, Milena en Florian het begrepen.

Ook Anna, Alex en Fabian begint iets te dagen. Ze houden van het lachen hun buik vast.

Alleen Lara, Lucy en opa lukt het, hun gezicht niet te veranderen, - en dat is niet zo heel makkelijk.

Ze knipogen naar elkaar: “Één nul voor ons!”

De lerares kan ook niet meer anders dan lachen. Eindelijk hijgt ze: “Jullie hebben ons voor de gek gehouden, mallerds! Nou moeten jullie ons vertellen, hoe we jullie het beste uit elkaar kunnen houden.”

“Helemaal niet”, overtuigt Lucy heel ernstig. De truc met de haren en hun lengte geven ze liever niet prijs.

“U kunt gewoon Lara-Lucy of Lucy-Lara zeggen. Bij mevrouw Will ging dat altijd heel prima”, stelt opa voor.

“Prima! Dat proberen we gewoon”, zegt Frau Brandt heel energiek.

Dan mogen Lara-Lucy vertellen, waar ze voorheen naar school zijn gegaan en waarom ze nu voor een poosje in Waidring wonen. De andere kinderen staren de tweeling aan alsof ze wonderdieren zijn.

Na dit uur is de les voor vandaag afgelopen.

“Dat begint al goed! Niet eens huiswerk”, fluistert Lucy haar zus in het oor.

Sandra, Julia, Milena en Anna wachten al op de gang.

“Dat was echt leuk”, vindt Sandra. “Ze keken allemaal erg beduusd.”

Nu grijnst Anna: “Helemaal mevrouw Brandt.”

Maar nu kijkt de tweeling heel dom, omdat de kinderen bij het naar buiten gaan de lerares een hand geven en heel netjes “Tot ziens, mevrouw Brandt!” zeggen.

“Dat zouden ze bij ons in Edertal moeten zien!” Lara kan er niet genoeg van krijgen. Met uitgestrekte hand gaat ze op de lerares af. “Tot ziens, mevrouw Brandt! En dankuwel! Het is echt geweldig hier in de nieuwe school.”

“Nou, fijn!”, lacht de lerares blij. “Wij vinden het ook leuk om twee bijna dezelfde meisjes bij ons in de klas te hebben, Lara-Lucy. Hopelijk blijven jullie nog lang bij ons.”

“Nou, lieverds, zijn jullie dromen waar geworden?”, wil opa weten, als de meisjes met gelukkige gezichten naar huis komen.

“Helemaal niet”, zeggen ze allebei vrolijk.

“In tegendeel! Ik ben bang, dat het hier nog leuker wordt, als in Edertal”, voegt Lucy er nog aan toe. “Bedankt voor jullie hulp, oma en opa, bij deze goeie start. Ik verheug me al op morgen.”

“Wat is dat nou?”, Lara verslikt zich bijna. “Mijn lievelingszus verheugt zich op school? Ik geloof, dat ik droom!”

Na enkele dagen is de tweeling al gewend in de nieuwe klas in Waidring.

“De tafels zijn het geniaalste”, doet Lara verslag naar Londen. “Iedereen heeft z’n eigen tafel. Die kun je zelfs omhoog klappen en scheef zetten om goed te kunnen schrijven. Onder het tafelblad is een groot vak voor onze spullen. En stel je voor, Mama, Lucy zegt altijd ‘jij’ tegen de lerares. De andere kinderen zeggen ‘U’. Dat is hier normaal. Maar ik vind dat eigenlijk een beetje raar...”

“En weet je papa”, vertelt Lucy verder. “Eigenlijk hebben we een tolk nodig. Engels is nog makkelijker, als dat moeilijke dialect hier! Je verstaat het bijna niet!”

Papa vindt het eigenlijk wel grappig, maar voor de tweeling is het intussen een echt probleem.

“Wat zegt ze, Lu?”, fluistert Lara, als ze weer een keer maar de helft heeft verstaan, als de lerares iets uitlegt of één van de kinderen iets vraagt.

Lucy haalt de schouders op: “Geen idee! Die praten allemaal zo snel als een sneltrein.”

Mevrouw Brandt merkt al snel, dat de tweeling sommige dingen niet goed kunnen begrijpen. Het valt haar ook op, dat een paar kinderen daarover spotten.

Daarom spreekt ze er met de klas over: “We hebben hier blijkbaar een probleem, kinderen, wat helemaal geen probleem hoeft te zijn.”

De klas kijkt ingespannen. Wat kan dat zijn? Ze zijn allemaal nieuwsgierig, wat er nu komt.

“Onze Lara-Lucy uit Duitsland”, gaat de lerares door, “zouden vast heel graag alles kunnen verstaan, waarover we tijdens de les spreken. Klopt dat, beide meisjes? Maar dat is heel moeilijk voor jullie, klopt dat?” De meisjes knikken allebei heftig met hun hoofd.

“Nou kinderen, waar zou dat aan kunnen liggen?”

Adriana vermoedt: “We praten te snel. Dan ruist alles zomaar langs hun oren.”

“We spreken misschien ook niet echt goed Duits”, denkt Lukas hardop na.

“Nee, ik geloof, dat ze onze Tiroler uitdrukkingen niet kunnen begrijpen”, vermoedt Marcel.

“En Lara-Lucy, wat zeggen jullie?”, wil de lerares weten.

“Dat klopt allemaal”, peinst Lara. – “Jullie hebben gelijk”, bevestigt Lara.

“We moeten daar zo gauw mogelijk iets aan veranderen”, stelt de lerares voor. “Willen jullie dat?” Natuurlijk willen ze dat allemaal.

Fabian roept: “Iemand niet begrijpen is echt stom!”

“Klopt helemaal, Fabian”, glimlacht de lerares. “Maar wel je vinger opsteken, als je iets wilt zeggen. Ok?”

Ze denken er samen over na en ze vinden gauw een oplossing:

Ze moeten proberen, langzaam en duidelijk te spreken, en daarbij zo veel mogelijk Hoogduitse woorden gebruiken.

“Dat moeten wij ook leren bij Duits”, constateert Martin.

“Eigenlijk moeten we blij zijn met de tweeling uit Duitsland”, schiet het Lisa te binnen.

De kinderen knikken en mompelen allemaal, dat ze het er mee eens zijn.

Lena vindt: “Jullie komen eigenlijk precies op tijd, Lara-Lucy, ik bedoel, om ons goed Duits te leren.”

“Nou, goed”, amuseert zich de lerares over de ijver van de klas.

“Willen jullie tweeling ons helpen, echt goed Duits leren te spreken?”

Lara twijfelt, maar Lucy grijnst vrolijk in de ronde: “Dat doen we, beloofd! Maar we willen ook leren, zoals jullie Tiroler te spreken.”

Lara kijkt onzeker naar de lerares. Hopelijk lacht niemand haar zus uit!

“Dat leren jullie vast en zeker!”, vermoedt Alex.

“Gewoon de oren helemaal open doen. Dan kletsen jullie al gauw net zoals wij hier in Waidring”, roept Fabian.

En werkelijk, na een paar weken hebben Lara en Lucy geen tolk meer nodig.

Ze weten, dat spruiten hier met een andere naam besteld worden als ze boodschappen gaan doen.

Ook voor een pruimentaart hebben ze hier een andere naam.

In plaats van ‘dag’ zeggen ze hier ‘doei!’ en in plaats van ‘hallo’ wordt er ‘wees gegroet’ gezegd.

“Als de lerares bij een dictee een ‘komma’ zegt, heeft ze ook daar een ander woord voor”, schrijft Lara aan haar ouders. “Er is wel een ‘komma”, maar alleen bij rekenen, dus bij getallen en geld. Grappig, niet?”

Ze wennen er ook al gauw aan, om in alle vakken van dezelfde lerares les te krijgen, - behalve in godsdienstles en handwerken.

Voor de eerste schooldag in Waidring had Lucy nog opgeschept: “Wedden, Engels kunnen we beter dan de Tiroolse kinderen!”

“Afwachten!”, had opa ingehouden. “Leren de kinderen dat hier eigenlijk? Nou, ik wed, dat het niet zo is.”

“De Engelse weddenschap hadden jullie allebei verloren”, vertelt Lara al op de tweede schooldag. “Stel je voor, hier beginnen ze zelfs al in de eerste klas, bij de allerkleinsten!”

“Hardstikke goed!”, prijst oma. “Engels is een wereldtaal. Dat zou iedereen moeten kunnen, - hoe vroeger, hoe beter!”

Lucy vindt wel: “Als ze Engels spreken, klinkt dat een beetje anders, - zoals Tiroler Engels.”

In de eerste grote pauze had Lara verwonderd geconstateerd: “Hier zijn eigenlijk weinig kinderen.”

Ze mist de vierhonderd medescholieren uit het Edertal niet. Ze vindt het fijner als alles goed te overzien en gezellig is.

Twee keer in de week kunnen de kinderen in de Waidringer school in plaats van brood voor de pauze, een Euro meenemen, om dan een lekker broodje bij de mevrouw van de bakkerij te kopen. Die wacht al voordat de pauze begint in de gang met een grote mand op de hongerige kinderen.

Als je heel nodig naar de wc moet, kun je het kaasbroodje of iets anders onder het t-shirt de klas in smokkelen, - voor iedere tweeling één. Zo hoef je niet lang in de rij te staan als je van de wc komt.

Nieuws uit het Edertal

’s Morgens haalt opa nog in de badjas de post uit de brievenbus.

“Alweer een telefoonrekening!”, steunt hij en draait de grote envelop om.

“Hè? Aan Lara-Lucy Goldmann. Met luchtpost!”, leest hij in netjes geschreven handschrift.

“Jammer! Onze kinderen zijn net naar school gegaan. Nou, die zullen blij zijn tussen de middag!” Oma legt de dikke envelop tussen de borden van de meisjes.

“Jippieh! Post voor ons!”, roept Lucy. “Ik doe de brief open!”

Ze begint al te scheuren. Er valt iets groots gekleurds op haar bord.

“Hé, altijd jij! Doe nou langzaam!”, zeurt Lara.

Samen buigen ze hun hoofd over de foto en Lucy constateert vrolijk: Wow, onze oude klas! Kijk, dat is Nina en daar Nils, Lennart, Tom, Gerrit, Mazlum en Karl, en dat zijn Tom en Arne en Erik en daarnaast Michelle en Angelika en Mika en Jannis... Jee, dat is echt geweldig!”

Lara krijgt er geen woord uit. Ze staart naar de foto, slikt...

Snel leidt oma haar af: “Is er geen brief bij? Wat schrijven jullie vrienden voor nieuws uit het Edertal?”

Royaal laat Lucy de brief over aan haar zus. Langzaam leest Lara voor en betoont ieder woord. De tweeling straalt.

“Ja, dat kan ik me voorstellen, dat ze jullie twee missen in het Edertal”, gniffelt opa. “Zonder jullie twee hebben ze waarschijnlijk niet meer zo veel lol.”

“Een echt goede brief!”, prijst Lucy. “En ze hebben allemaal de naam eronder gezet. Super!”

“Dat is precies het handschrift van Ann-Cathrin. Zo schrijft alleen zij”, weet Lara.

“Willen jullie niet gauw terugschrijven en ook foto’s meesturen?”, vraagt oma.

“Onze beide meisjes voor de Loferer Steinbergen”, stelt opa voor.

Maar mevrouw Brandt heeft nog een beter idee, als de tweeling hun de klassenfoto en de brief laat zien. Ze haalt de digitala camera uit haar buro. Net voor het eind van het schooluur sluipt de vierde klas uit het schoolhuis. De kinderen stellen zich op, op de speelplaats. Minstens vijf keer moeten ze hardop ‘pizza’ zeggen, totdat de lerares tevreden is.

“Vanmiddag print ik de foto’s gelijk uit”, belooft ze. En ze houdt zich eraan.

De volgende morgen houdt ze de vijf foto’s omhoog. De beste zoeken ze uit om te vergroten.

Andrea gaat van de ene naar de andere tafel, totdat alle kinderen zorgvuldig hun naam in verschillende kleuren op een tekenblad gezet hebben. Milena en Lara maken nog een mooie gekleurde rand om de namen heen.

“Dat hebben jullie mooi gemaakt. Nu moet jij ook nog de naam erop zetten, mevrouw Brandt!”, vindt Lucy.

De lerares aait haar zachtjes over het hoofd. “Tuurlijk doe ik dat, tweeling. Dat doe ik zelfs graag. Dan zeg jij in de toekomst niet meer ‘jij’ tegen de leraren, - zoals alle andere kinderen. Akkoord?”

Verlegen kijkt Lucy haar aan. “Of ik daar wel aan kan wennen? Ik vind het moeilijk om tegen jou ‘u’ te zeggen, omdat jij zo aardig bent.”

“Dankjewel, Lucy!”, is de lerares blij. “Zo weet ik altijd gelijk, dat je niet Lara bent.”

’s Middags mogen de kinderen op de computer van opa een lange brief typen. Opa geeft hun nog een grote envelop, die ze dan in een duurloop naar het postkantoor brengen.

“Pet!”, moppert Lara. “De brievenbus wordt om drie uur leeggehaald.”

Op dat moment horen ze net de kerkklok vier kier slaan.

“Nou en? Maakt toch niet uit! Gaat de brief morgen weg”, vindt Lucy.

“Van Tirol naar Duitsland is de brief sowieso drie dagen onderweg, heeft opa gezegd.”

Op dat moment blijft de gele postauto achter hun staan. De aardige postbode verschijnt bij de achteringang om de post naar buiten te brengen. Lucy denkt niet lang, houdt hem de envelop onder de neus en vraagt: “Gaat die vandaag nog mee, meneer de postbode?”

“Natuurlijk, kinderen”, lacht hij en neemt de kinderen mee naar binnen, want een postzegel en een poststempel moet natuurlijk ook zijn!

“Dank u!”, stralen de beide meisjes. “Dan kan onze oude klas een dag eerder over een antwoord van ons verheugen en ook eerder weer terugschrijven.”

En precies dat doen de kinderen van de klas 4a van de basisschool Edertal.

Al gauw ligt er weer een nieuwe brief in de brievenbus bij de familie Goldmann. Mevrouw Brandt heeft gelijk een tweede goed idee. Ze zoekt namelijk een partnerklas om elkaar brieven te schrijven.

“Jullie Edertal is dan wel aardig ver weg”, vindt ze, “om elkaar te zien is het natuurlijk te ver. Maar het is vast ook wel leuk, om elkaar gewoon te schrijven. Wat vinden jullie?”

De meeste kinderen vinden het een prima idee. Al gauw worden de eerste kaarten en brieven heen en weer gestuurd tussen het Pillerseetal en Edertal.

Kinderen met dezelfde voornaam schrijven elkaar eerst:

Lisa uit Wega krijgt een bont gekleurde brief van Lisa uit Waidring. Johanna uit Bergheim schrijft aan Johanna en Lukas aan Luca.

Lena brengt trots een foto van haar briefvriendin Anna-Lena en haar grote broer Dominik op een Gokart-baan. Ze stuurt een foto van zichzelf met haar zus bij het skiën naar Edertal. Andrea laat op een dag een folder in de klas zien van de vakantieregio Edertal.

"Dan stuur je Lea ook gauw een paar foto's van het Pillerseetal", raad ze aan. "Wie heeft er zin, om zijn post aan de pinwand te hangen? Dan kan iedereen het op zijn gemak bekijken."

Ze knipoogt naar de tweeling. "Dat hebben we aan jullie te danken, Lara-Lucy. Jullie moeten ons persé vaak schrijven, als jullie weer in Duitsland zijn. Beloven jullie dat?"

Verrast kijken de meisjes elkaar aan. Lucy zegt heel trouw: "Eigenlijk denk ik dat al helemaal niet meer aan. Eerder Lara, omdat die af en toe heimwee krijgt."

"Krijg ik helemaal niet!", weert Lara af. "Hier bij jullie is het zo geweldig."

"Bingo! Beter kan het niet!", straalt Lucy.

Dan moet de lerares de tweeling gewoon even omarmen, - Lara rechts en Lucy links.

Op een dag brengt ook mevrouw Brandt een brief uit Edertal mee naar school.

"Stel je voor, kinderen, die is voor mij!"

Stefan mag hardop voorlezen: “Aan mevrouw Brandt, Basisschool in A 6384 Waidring, Tirol.”

“Wie denken jullie, heeft mij een brief geschreven, Lara-Lucy?”

“Dat is het handschrift van mevrouw Will”, weet Lara.

“Dat is geniaal! Jippiiieeeehhhh!”, roept Lucy vol vreugde. “Mag Lara de brief hardop voorlezen in de klas?”

Natuurlijk mag ze dat. Dat doet ze dan ook heel cool. De lerares hoeft maar twee keer even iets te helpen.

“Je schrijft toch gauw terug, mevrouw Brandt?”, dringt Lucy aan en alle kinderen lachen.

“Ja, doet u dat alstublieft heel gauw!”, dringt ook Lara aan. “Dat vindt mevrouw Will vast heel fijn!”

Nu lacht ook de lerares: “Wat denken jullie dan? Ik schrijf altijd terug, als iemand mij schrijft. Maar eerst moet ik jullie proefwerk in rekenen corrigeren. Dat willen jullie vast ook graag terughebben, of niet?”

“Oh, dat heeft toch niet zo’n haast”, bromt Fabian, en weer lacht de hele klas.

AU! AU! Mijn voet!

Midden in september ligt er 's morgens ineens sneeuw in het dorp.

"Dat... kan ik bijna niet geloven!", stottert Lucy, als ze in haar pyjama de onverwachte witte pracht bewondert. "Dan kunnen we al gauw skiën op de Hausberg."

Maar de volgende dag is alles al weer groen. De zomer komt nog een keer met veel zon terug.

"Het is net een verkeerde wereld!", zegt de lerares. "Eerst winter, dan weer zwembadweer. Weten jullie wat kinderen? We gaan een wandeldag maken. Of is daar iemand tegen?"

Fabian en Lucy schreeuwen het hardst: "Geweldig! We wandelen! Jippieh en hoera!"

"Dan moeten jullie straks gelijk een rugzak inpakken voor morgen", zegt mevrouw Brandt. "En ik bel zometeen vast vanwege de bus."

"Waar gaan we dan naartoe?", wil Martin weten.

"Nou, wacht maar eens af, Martin! In ieder geval moeten jullie wandelschoenen, een petje tegen de zon en genoeg om te eten en drinken tijdens het wandelenen meenemen. Hebben jullie verder nog vragen?"

"Mogen we ons mobieltje meenemen?", flapt Lucy eruit. Ze kijken haar allemaal verbaasd aan.

"Ik neem in ieder geval mijn mobieltje mee", vindt de lerares. "Jullie kunnen me geloven, dat dat genoeg is, als jullie bijvoorbeeld ergens vanaf vallen, Lara-Lucy. Jullie laten de telefoon gewoon thuis. Hier in de school hebben jullie het ook niet nodig, niet waar?"

Opgewonden stapt de tweeling de volgende morgen met de rest van de klas in de bus, die ze naar boven naar de parkeerplaats van de Steinplatte brengt.

"Jee, alleen maar naar de Steinplatte!", zeurt Lucy. "Daar waren we net met onze ouders"

"We zijn hier allemaal al geweest. Met zekerheid veel vaker als jullie twee met elkaar", legt de lerares uit. "Met ons hebben jullie vast en zeker nog meer lol. Wacht maar eens af."

Sandra weet: "Dat wordt zeker lol! Dat zullen jullie wel zien!"

Lara durft bijna niet naar beneden in het dal te kijken, als de bus de bochtige bergweg naar boven rijdt. Ze bibbert: "Brr, hoe stijl het naar beneden gaat! Ik krijg een heel raar gevoel in mijn buik."

Melanie, die naast haar zit, grijnst spottend: "Dan moet je hier eens rijden als het glad is, als er een dik pak sneeuw ligt en het nog ijzig is. Dan wordt het echt spannend, dat kan ik je vertellen."

"Oh nee, nooit!" Lara zet een ontzet gezicht op. " Maar gelukkig is er een gondelbaan. Anders blijf ik liever beneden in het dal."

Vanaf de parkeerplaats marcheren ze naar boven naar de Stallenalm. Daar zijn zo vroeg 's morgens de banken voor de toeristen nog leeg. Ze mogen er gaan zitten en hun brood uitpakken, voordat ze verder gaan naar Kammerkör. Ze lopen langs hutten van de Grünwaldalm, die er 's winters vanuit de stoeltjeslift uitzien als grote sneeuwheuvels.

"Poeh, dat is vermoeiend", zucht Lara en veegt over haar voorhoofd.

"Jullie zijn er niet aan gewend, de berg op te wandelen", zegt de tweede lerares. "Weet je, de weg naar Kammerkör is steil; in de winter is dat een zwarte piste. Daar is het om te skiën ook echt steil."

Gauw heeft al iedereen de jas uitgedaan en in de rugzak gestopt.

"Oef, wat een hitte!", steunt Daniel.

Maar Manuel vindt: "Als de zon niet zou schijnen, zouden we niet eens hier boven zijn. Dus beweeg nou maar je luie botten en hou op met dat gezeur!"

Dan roepen de leraressen alle kinderen bij elkaar. "Kijk kinderen, wat hier nog zo laat in de zomer blauw bloeit. Wie weet hoe dat heet?"

"Gentiaan!", roept Lucy prompt. De kinderen kijken haar nieuwsgierig aan en mevrouw Brandt prijst haar:

"Bravo, Lara-Lucy! Jullie weten al veel hier over de natuur in de bergen. Kunnen jullie ons verraden, welke van de velen gentiaansoorten dat hier is?"

"Dat moet de 'schwalbenwurz'-gentiaan zijn", komt na even geaarzeld te hebben, het antwoord, - deze keer van Lara. "In oma haar plantenboek ziet de bloem er namelijk net zo uit."

"Klopt precies", vindt de lerares blij. "Natuurlijk worden deze gentiaanbloemen, - zoals alle andere bloemen hier boven, - nooit geplukt. Maar dat weten jullie natuurlijk al, niet waar?"

"Logisch, die staan onder natuurbescherming", kan zich Lucy aan oma's voordracht herinneren.

"De kandidaten hebben allebei honderd extra punten", lacht mevrouw Brandt. "Hou de ogen goed open. Misschien vinden jullie nog wel meer bloemen uit oma's boek met alpenbloemen."

Even later blijft ze bij een rotsblok staan en wijst op een afdruk op de gladde steen. "Wie kan de tweeling vertellen, wat dat is?"

Bijna alle kinderen steken de vinger op.

Lara en Lucy denken na: “Het ziet er versteend uit, - eigenlijk net een grote vis.”

“Klopt”, kraait Manuel er tussen. “Het is een vliegende vis geweest.”

Ze lachen allemaal, totdat David alles uit mag leggen: “Meerdere millioen jaren geleden was hier een oerzee.”

“Het hele dal vol water? Tot bovenaan?”, is Lara verwonderd.

“Ja, zo vertellen het de natuuronderzoekers. Daarboven bij de rode rotswand zijn nog een heleboel versteende dingen te ontdekken. Kleine schelpen, slakkenhuizen en nog veel meer.”

“Geweldig!”, verheugt zich Lucy. “Mogen we daar naartoe? Alstublieft, mevrouw Brandt!”

“Voorstel helaas afgewezen!”, lacht de lerares. “Daar moeten we de hele dag tijd voor hebben. Als jullie daar willen zoeken, dan moet je niet op je horloge kijken. Bovendien heb je daar ook een kleine hamer en een loep, om goed te kunnen bekijken, wat je uit de rotswand geklopt hebt.”

“We zijn zo in Triassic-Park. Daar kunnen jullie alles op je gemak bekijken, Lara-Lucy”, belooft Johanna.

Als ze bij het gondelstation aankomen, laat mevrouw Brandt op de grote bont gekleurde kaart zien, waar ze vandaag nog langs wandelen.

“Gaan we dan met de gondelbaan weer naar beneden?”, vraagt Lara.

“Kun je niet meer lopen?”, plaagt Lena.

“Nu nog wel”, vindt Lara nadenkelijk. “Maar wie weet, of ik dat later ook nog kan.”

“Heb je een grote portemonnee meegenomen?”, wil Melanie weten. “Dat je dan de tocht naar beneden kunt betalen.”

“Ach, als je voeten dan al dampen, dragen we je gewoon naar beneden naar de bus”, stelt de lerares voor. “Zo, kom, we gaan verder! De dinosaurussen wachten al op ons.”

“Jammer! Moeten we echt al weg?”, zucht Lara, als ze na een spannend uur in Triassic-Park de uitgang bereiken.

“We komen hier vast nog wel een keer met papa en mama”, troost Lucy. “Dan hebben we de hele dag de tijd.”

De leraressen jagen de kinderen de berg op naar het meer, waar water voor de winter opgeslagen wordt. Niet alleen de kinderen kijken vol verlangen naar het spiegelgladde heldere water.

“Nu de schoenen uit en met de voeten in het koude water. Dat zou wat zijn!”, vindt Andrea.

“Oh ja, mogen we op zijn minst hier in het water?”, bedelt Lucy. “Als we al bij het strand bij de dinosaurussen al geen tijd hadden.”

Helaas mogen ze niet eens over het hek klimmen, om op de grote rotsen aan de oever te zitten.

“Allemaal hier blijven! Begrepen?”, commandeert de lerares. “Jullie krijgen het nog zo ver, dat jullie elkaar in het water duwen. Ook stenen gooien wil ik niet zien!”

“En in het water spugen?”, vraagt Lukas.

“Zo ver kun je niet eens spugen, slimmerd”, grijnst Lisa. “Probeer het eens uit!”

Dan begint al een wedstijd in ver-spugen. Lukas en Stefan redden het om inderdaad in het water te spugen.

De weg naar het Belgierkreuz neemt bijna geen einde, in ieder geval voor Lara.

Op Martins vraag, waarom ze niet naar het kruis op de tweede bergtop toegaan, antwoordt de lerares: “Met jullie klimgeiten is me dat een beetje te veel opwinding. Straks valt er nog iemand ergens vanaf. Trouwens, jij was al vaak genoeg daar boven, klopt het Martin?"

Voordat hij antwoord kan geven, roept Marcel: "Een hagedis! Daar, - op de steen!"

Gelijk zijn ze allemaal stil en bekijken ingespannen de plek, die de jongen laat zien.

"Of die er nog een keer uitkomt?", fluistert hij.

"Waarschijnlijk is die hagedis bang voor ons reuzen", vermoedt Johanna.

Fabian houdt haar snel de mond dicht.

Mevrouw Brandt kijkt op haar horloge en vraagt rustig: "Redden jullie het, om een minuut, dus zestig seconden, héél rustig te zijn?"

Daadwerkelijk, - na dertig seconden duikt er tussen de steentjes een rood-bruin kopje op. Haastig rent het bewegelijke diertje over de stenen, die door de zon warm zijn geworden.

Blitsende donkere oogjes vonkelen nieuwsgierig naar de kinderen. De lange staart trilt opgewonden.

Er hoest iemand, - floep..... alleen het puntje van de staart is nog even te zien.

"Weg is de hagedis", mompelt Lucy.

Mevrouw Brandt glimlacht: "En wie weet de naam van onze kleine vriend?"

"Een berghagedis", weet David te vertellen. "Die heeft midden op z'n rug die donkere streep."

Manuel is helemaal weg: "Die is schattig! Zo één wil ik wel in een terrarium!"

"Onzin! Die heeft hierboven toch een veel beter leven, als in zo'n stomme glaskast", beweert Lisa. "Als je de hagedis mist, kun je toch hier naar boven komen en hem bezoeken."

“Je hebt gelijk!”, geeft Manuel toe. “Laten we hem, waar hij is.”

Na een uitgebreide tweede ontbijtpauze, dringen de leraressen om weer verder te gaan.

“Zo kinderen! Alles inpakken! We moeten terug!”

“Wat? Nu al? Het is net zo leuk”, moppert Lucy. “Naar beneden gaat het toch veel sneller.”

De tweede lerares zegt: “Dat lijkt misschien zo, Lara-Lucy. Bovendien willen we een andere weg terug nemen. Kijk, naar het andere meer, waar ook water voor de winter opgeslagen is en dan via het drielandenpunt terug naar de Stallenalm.”

Bergaf is het in ieder geval makkelijker lopen, constateert Lara. Je merkt het alleen veel meer in de knieën. Dat zal dan morgen wel goed spierpijn worden.

Voor haar ziet ze haar zus overmoedig met de jongens dollen.

“Wees niet al te wild daar vooraan!”, waarschuwt mevrouw Brandt.

Maar Lucy is goed op gang. Ze dondert met Fabian en Marcel, draait in het rond, doet een stap terug en glijdt op een losse steen uit.

“Blijf hier, Lucy!”, schreeuwt Fabian en wil haar aan de rugzak nog vasthouden. Samen rollen die twee de helling af en landen tussen de bosjes.

Lachend staat Fabian weer op en wil Lucy omhoog trekken. Ze laat zich in het gras vallen, trekt een pijnlijk gezicht en houdt haar knie vast....

“Aua!”, jammert ze. “Mijn voet! Au! Au!”

Dan zijn de leraressen al bij haar en bekijken geschrokken haar voet. Voorzichtig tast mevrouw Brandt haar enkel af.

“Aaah, niet zo hard!” Lucy rolt bijna van de pijn.

Nu hebben ook de meisjes de groep bereikt. Lara krijgt van schrik de tranen in de ogen.

"Wat is er, Lucy?", snikt ze. "Sta nou op! Waar doet het zeer?"

De lerares stelt de tweeling gerust: "Zo erg, als het nu zeer doet, ziet het er niet uit. Probeer eens overeind te komen, Lucy!"

Met de tanden op elkaar laat Lucy zich helpen en wil gelijk de zere voet een beetje belasten. Alle kinderen staan om haar heen en kijken beteuterd.

"Wat denk je, tweeling, gaat het weer?", informeert Fabian zich meevoelend.

"Nee, het gaat helemaal niet!", jammert Lucy. "Ik kan er niet eens goed op staan."

"Dan moeten we je dus dragen", stelt Anna voor.

Florian spreekt heel ernstig: "Of we moeten de rode reddingshelicopter laten komen."

Lucy probeert het met een voorzichtige glimlach. "Ik leef nog, Flori. Als jullie me steun geven, dan probeer ik het gewoon."

"Je krijgt eerst een stevig verband", vrolijkt de lerares de dappere tweeling op en opent de eerste-hulp-tas. Terwijl ze zwijgzaam met de collega een noodverband om de enkel wikkelt, doet Lucy geen kik.

De weg naar Kammerkör wordt echt moeizaam. De volwassenen steunen Lucy zo goed als het gaat. De jongens met veel kracht wisselen ze tussendoor af.

"Je bent echt dapper!", prijst mevrouw Brandt. "Ik kan me voorstellen, hoe zeer het doet. Maar je hebt het al bijna gered. Nog even de tanden op elkaar."

Lara blijft de hele tijd bij Lucy in de buurt, alhoewel ze haar zus alleen maar goed toe kan spreken en haar rugzak kan dragen.

"Nu kan Lara toch nog met de gondelbaan naar beneden", zegt Adriana, als ze Lucy eindelijk in het restaurant gebracht hebben.

Lara zucht droevig: “Nou, dat zou ik in dit geval goed kunnen missen!”

Mevrouw Brandt belt opa. “Jullie grootouders wachten op jullie in het dal. Jullie redden het naar beneden vast wel met de collega, ja? We kunnen niet allemaal met jullie mee. Dat begrijpen jullie, of niet?”

Met Lucy’s voet gaat het al iets beter, als ze met de gondel naar beneden glijden.

Opa rijdt gelijk met ze naar het ziekenhuis in St.Johann. “De enkel is verstuikt. Gebroken is er gelukkig niks”, kan de arts op de röntgenfoto herkennen. “Je krijgt een stevig verband en dan heeft de voet heel veel rust nodig. Je krijgt nog twee mooie gekleurde krukken mee, - dan zullen de kinderen op school wel opkijken. Over drie à vier weken kun je waarschijnlijk al weer gewoon lopen.”

“Zo lang?”, Lucy schrikt. Dat is voor haar echt een straf.

Oma troost haar: “Dat moet je door, lieverd. Maar je gaat er in ieder geval niet dood aan. En je leert ook nog eens een beetje geduld. Dat schaadt niemand.”

Opa en Lara komen hun al uit de wachtkamer tegemoet en bewonderen Lara bij haar eerste pogingen met de krukken.

De middag brengt de tweeling in een ligstoel op het terras door. Lucy durft haar voet bijna niet te bewegen, alhoewel ze ook moeite heeft om lang stil te zitten.

Lara schrijft een uitgebreide brief naar Londen. Mama en papa moeten toch ook weten, wat ze verwachten kunnen bij hun volgenden bezoek op de Steinplatte. Bij de opening van Triassic Parc op 3 augustus waren ze al onderweg naar Engeland. Zelfs de kleine folder komt in de envelop. Om ze nieuwsgierig te maken!

"Hallo, Engelsen! Vandaag was wandeldag op de Steinplatte en ook in het nieuwe Triassic Parc bij Kammerkör. We moesten een duikhelm opzetten, alsof we echt onder water waren. Tweehonderd miljoen jaren geleden! In de oeroceaan Tethys! Het koralenrif en een paar gevaarlijke zeereptielen zagen er bijna echt uit. Echt geweldig! Er is ook een film in de dinosaurus-bioscoop. Die moeten jullie echt zien! Dan moeten we allemaal een onder-zoekersboekje meenemen. Die vragen zijn best heel moeilijk. Of jij wel alle antwoorden zou weten, papa? Bij de meertjes 'Triassic-Beach' konden we alleen de dinosaurussen bekijken. En fossielen konden we ook niet uitgraven. Geen tijd! Gemeen! Dus kom maar gauw en breng veel tijd mee!

We vermissen jullie, - maar niet heel erg. Het is namelijk helemaal niet saai bij oma en opa. Tot gauw! Jullie Lara-Lucy!

Over het hinkebeen van Lucy schrijft ze natuurlijk geen woord.

"Klaar?", wil Lucy weten. "Overigens heeft Waidring twee kerktorens."

"Hè?", doet Lara en tipt met haar vinger aan haar slaap. "In jouw hoofd, zeker?"

"Nee, echt waar!" Kijk maar eens!" Lucy wijst naar de grote schuifdeur van de serre. Vanaf haar ligstoel ziet ze in de ruit de tweede kerktoren in de herfstzon.

"Spiegeltorens!", constateert ze.

Lara springt op. "Dat is een foto waard! De tweelingtorens van Waidring! Of ze dat in Edertal geloven?"

De honden liggen naast ze in de schaduw. Ze schijnen het te voelen: vandaag wordt er gedonderjaagd.

Pas als er aan de deur gebeld wordt, beginnen ze blij te blaffen.

Het is mevrouw Brandt, die eens naar de tweeling met de zere voet wil kijken. Ze heeft een heksenboek mee en een plak chocola voor alletwee. Als troostpleister. Ze praat een poosje met oma en is het met haar eens, om eerst maar niks aan de ouders van de tweeling te vertellen over het ongeluk. Waarom zouden ze zich in dat verre Londen onnodig zorgen moeten maken?

De lerares is net weg, dan staan Sandra, Julia, Milena en Anna al bij het hek. Ze waren over de wei geslopen en worden door de honden met hard geblaf en door de meisjes met vrolijk lachen begroet.

“Hoera, Lucy kan weer lachen!”, is Sandra blij.

“Doet je voet nog erg zeer?”, vraagt Julia.

“Het is al beter”, zegt Lucy en laat trots haar verband zien.

“Kom je morgen naar school?”, willen Anna en Milena weten.

“Tuurlijk!”, zegt Lucy en laat nog trotser haar krukken zien.

Opa brengt zijn “hinkkind” tot de ingang van de school. Met moeite hinkt Lucy met de krukken door de gang. Er komen haar al een heleboel kinderen tegemoet. Ze willen haar allemaal de klas in en op haar plaats helpen. Voorzichtig glijdt Lucy op haar stoel. Stefan leent gelijk even de krukken en springt ermee tussen de tafels door. Als Fabian hem de krukken af wil pakken, verschijnt mevrouw Brandt en klapt in haar handen.

“Wees maar blij, dat je geen krukken nodig hebt!”, moppert ze. “Zet die snel weer bij Lucy neer, maar héél vlot!”

Dan zegt ze tegen de tweeling: “Gelukkig is het nog goed afgelopen, toen je gevallen bent, of niet Lucy? Nu kunnen we jullie tenminste uit elkaar houden, zo lang je moet hinken.”

De andere kinderen giechelen en Alex roept: “Als Lara zich ook maar niet aan haar voet zeer doet.”

Lara lacht: “Oh nee, dankjewel! Ik hoef Lucy niet alles na te apen.”

“Nee, echt niet”, lacht ook de lerares. “En de volgende keer denken we er allemaal aan, hoe snel er iets gebeurt met zo’n val bij het wandelen hier in de bergen, - helemaal als je overmoedig bent. Hè Lucy?”

Het meisje knikt verlegen. Dan haalt ze hardop aan: “Ja ja, - overmoed doet zelden goed! – Dat zegt opa ook altijd, als hij ons zo ziet dollen.”

Zondag schrijft Lara een lange brief aan haar beste vriendin Lisa in Edertal en doet ook bericht over de pech van Lucy. En over het naar huis drijven van de koeien in de herfst, die van de bergweiden komen, vertelt ze:

"Stel je voor, de melkkoeien worden hier heel mooi versierd. Net zoals bij jullie in Wesetal. Met bont gekleurde kronen op hun hoofd, die heten 'Furgel'. Daar rennen ze dan trots mee de wei in en de andere koeien lopen er nieuwsgierig achteraan, tot ze allemaal versierd zijn. Dan is er een echte koeienoptocht door het dorp. Dat is echt héél grappig! En wat een lawaai is dat van al die koeienklokken! Echt geweldig is dat! De toeristen maken ontzettend veel foto's. Opa heeft er een video van gemaakt. Het is net een klein volksfeest, vindt oma. De beesten kunnen niet langer op de bergweide blijven, omdat het te koud wordt. Hier heeft het al de eerste keer gesneeuwd. (Dat geloof je niet, wedden?) Voor ons was dat wel leuk, voor de koeien wat minder. Schrijf toch gauw terug en de groetjes aan allemaal! Lara-Lucy!"

Sneeuwhond Sonny

Al gauw is het ook ’s morgens nog donker, als de tweeling naar school moet.

In sommige nachten is het al aardig koud.

“Het ruikt geweldig naar herfst”, snuffelt oma. “De zomer is voorbij.”

Tussen de voortdurend groene naaldbomen glanzen op de berghellingen overal gekleurde vlekken, net als bij een vloerkleed.

“Dat ziet er mooi uit, zoals de schilder ‘herfst’ met de kleuren overal een beetje morst”, vindt oma en neemt het fotoapparaat mee, als ze met de honden gaat wandelen.

“Dan zal het wel gauw winter worden”, vermoedt opa en fronst zijn voorhoofd.

“Nu al?”, vraagt Lucy ongelovig. “Tot de Kerst is het nog zo lang.”

“Hier in de bergen begint de winter al wat eerder. Waidring ligt op zo’n achthonderd meter zeeniveau. Daardoor komt de sneeuw hier al eerder als in Edertal.”

“Daar valt bijna nooit sneeuw”, betreurt Lara. “Nou, ik verheug me er al op, als er al gauw sneeuw komt. Sneeuw is geweldig! Het kan voor mij niet genoeg zijn.”

Oma denkt na: “We moeten de balkonbloemen maar naar binnen halen, voordat het gaat vriezen.”

“Daar zitten nog zoveel mooie bloemen aan”, vindt Lara. “Kunnen we die niet laten hangen tot de volgenden sneeuw?”

De volgende morgen al zijn de bomen, weiden, straten en huizen al weer wit.

Als de tweeling tussen de middag naar huis komt, valt het ze gelijk op: Het balkon ziet er zo kaal uit. Oma heeft alle bloembakken naar de tuin gedaan en de geraniums kort geknipt.

De kinderen helpen, de grote berg met bont gekleurde bloemen en groene blaadjes, naar de composthoop te dragen.

Lara is droevig. “Arme bloemen. Nu gaan jullie allemaal kapot. Waarom heb je die zo kort gemaakt, oma?”

“Dat moet wel”, legt oma uit. “Buiten bevriezen de bloemen. Die mogen nu naar de donkere kelder tot februari om uit te rusten van de vermoeiende zomer. Dan kunnen we ze weer water geven en ze hebben dan weer mest nodig. Je zult verwondert zijn, hoe gauw er weer groene blaadjes groeien. Vanaf mei bloeien ze dan hopelijk net zo mooi als dit jaar, als we ze goed verzorgen.”

“Wees maar blij, dat wij geen geraniums zijn, La!”, grapt Lucy. “Dan zouden we in de duistere kelder moeten slapen en ook moeten hongeren, - de hele winter.”

De zaterdag erop wekt Lara haar zus met een vreugdeschreeuw: “Lu, wakker worden! Kijk eens naar buiten! Het heeft gesneeuwd!”

“Laat me nou slapen!”, knort Lucy. “Midden in de nacht...”

Ze knippert met de ogen. Buiten is het nog donker, maar op één of andere manier toch ook licht. De wekker geeft half acht aan.

“Kom nou, slaapdier! Alles is wit!”, houdt Lara vol.

“Hou nou op me voor de gek te houden! Het is nog lang niet winter!”, bromt Lucy en trekt de deken over haar hoofd.

Lara trekt haar badjas aan, doet het raam wijd open en schraapt een sneeuwbal van de vensterbank. Die houdt ze dan bij haar zus tegen het voorhoofd.

“Hier, alsjeblieft! Geloof je me nou?”

“Jeetje mina!”, is Lucy verwonderd en is in twee grote stappen bij het raam. “Wow, dat is geweldig! Zo veel sneeuw!”

Ze draait zich naar Lara om: “Wat hebben we voor dag vandaag, La?”

“Natuurlijk zaterdag!”, zegt Lara verwonderd.

“Kletskop, dat weet ik toch zelf! Welke maand, bedoel ik!”

“Oktober, ik geloof de negenentwintigste”, herinnert zich Lara.

“Ik geloof het niet! We hebben sneeuw! In oktober! Echte witte sneeuw. Jippie en hoeraaaa”, gilt Lucy en omarmt haar zus heftig.

De laatste sneeuw hebben ze gezien, als ze in de Paasvakantie in Waidring waren. Maar alleen op de bergen. In het dal bloeiden de katjes al aan de wilgen.

Oma zet net alles voor het ontbijt klaar, als de tweeling jubelend de keuken in stormen. “Sneeuw oma! Zoveel sneeuw! Jippie en hoeraaaa! We moeten gelijk naar buiten op de wei!”

“Langzaam met de jonge paarden!”, remt oma. “Ik vind het ook geweldig, maar er komt wel eerst wat in de buik!”

Gehaast lepelen ze hun schaaltje met muesli leeg, gooien de warme chocomelk erachter aan en dan zijn ze al onderweg naar de klerenkast. Helemaal achterin vinden ze skipakken, mutsen en handschoenen. De winterlaarzen trekken ze uit het rek in de kelder.

Oma heeft de honden in de tuin gelaten. Ze kunnen er niet genoeg van krijgen om te rollen in de onwennige sneeuw en de snuit in het koude wit te drukken.

De nieuwe sneeuw plakt goed. Precies goed voor een sneeuwpop. Lucy rolt een grote dikke bal voor de buik. Lara rolt een kleinere bal, die ze met elkaar op de grote beuren. Ze stampen steeds meer sneeuw rondom vast.

“Nu de kop!”, commandeert Lucy. “”Die rol ik en jij maakt de armen, okay?”

Omdat de kop er meer een beetje als een snuit uitziet, krijgt de sneeuwpop nog spitse oren. Van steentjes en stukjes hout maken ze de ogen, de neus en de mond. Oma kijkt door de deur van het terras.

“Prima!” prijst ze de sneeuwkunstenaren. “Die sneeuwpop ziet er net als Sonny uit, maar dan in wit.”

Keurend bekijken ze hun eigen werk. Tuurlijk, oma! Onze Sonny sneeuwhond.”

Opa is er ook helemaal weg van. Hij maakt er gelijk een paar foto’s van. De sleetjes haalt hij nog niet uit de schuur. “Het is nog niet koud genoeg. Vanavond is alles al weer weggedooid”, vermoedt hij.

Lucy wordt boos. “Pet! Ik wou zo graag met de slee spelen.”

Opa troost haar: “Dat kun je waarschijnlijk al sneller als je wilt. Ik moet maar gauw de sneeuwfrees klaar maken, voordat het feest begint.”

Niet eens twee weken later is het al zover. De kinderen treuzelen net van school naar huis en kijken naar de donkergrijze wolken, die zwaar in de bergen hangen.

Dan vallen de eerste vlokken. Net als kleine witte wattebolletjes zweven ze in de lucht.

“Het sneeuwt! Jippie en hoeraaa!”, schreeuwt de tweeling. “Deze keer hopelijk héél, héél lang!”

Het houdt inderdaad twee dagen en drie nachten niet meer op met sneeuwen. Tot in de avond vallen de zachte witte vlokken. De vlokken worden steeds dikker. Het is donker. De kinderen drukken de neuzen plat tegen het raam.

Lara zucht tevreden: “Mooi hoor, zoals de vlokken om de lantaren heen dwarrelen. Alsof het nooit meer op gaat houden.”

De wind laat de vlokken dansen en alles wordt met een witte deken toegedekt.

“Knijp eens, Lu! Anders geloof ik het niet”, vraagt Lara, - en Lucy doet dat natuurlijk.

“Au, - niet zo hard! Wow, Lu, dat is net een sprookje. De wereld ziet er zo betoverd uit, - met poedersuiker bedekt!”

Lara kan van het kijken niet genoeg krijgen. Ze kruipt bij opa op schoot en staart stil naar de vlokken buiten.

De volgende morgen is opa het eerst buiten. Hij wil de sneeuwfrees aanzetten, moppert eerst goed, omdat het ding niet aan wil gaan, - maar eindelijk vreet de machine zich door de hoge sneeuw. Het witte spul sproeit er maar zo in een hoge boog uit, op de stenen muur en bedekt de struiken.

“Ik ben blij, dat we de struiken nog op tijd ingebonden hebben”, zegt opa. “Dat was waarschijnlijk mijn zevende zin. Wie weet, op hoeveel sneeuw we moeten rekenen in deze winter.”

Lara denkt na: “Moeten we vandaag echt naar school? Bij dit weer?”

Oma lacht: “In Edertal zouden jullie nu herfstvakantie hebben.”

Lucy moppert: “Wat een pech! Ik wil ook vakantie! En eindelijk skiën!“

„Hé, hé!“, herinnert zich opa. „Wie gaat er nou zeuren! Denk je, dat de kinderen ook maar het kleinste sneeuwvlokje zullen zien?”

“En jullie sneeuw hier in Tirol ligt er vanmiddag ook nog en wacht op jullie”, belooft oma.

“Nu wachten de schooltassen. Dus hup-hup, haasjes!”

De kinderen op school zijn vandaag allemaal een beetje opgewonden. De leraren begrijpen dat gelukkig ook. Ze verheugen zich zelf ook op de wintersport. “Alstublieft, lieve mevrouw Brandt, niet te veel huiswerk opgeven!”, vleit Lucy.

Ook de andere kinderen dringen aan: “Ja, alstublieft! Zulke heerlijke sneeuw! Dan moeten we gelijk naar buiten!”

De lerares gniffelt: “Er komt vast nog meer dan genoeg. De winter begint pas in december. Maar ik wil niet moeilijk doen, - maar dan moeten jullie dubbel zoveel op letten tijdens de les op school, winterkinderen!”

Dat beloven ze natuurlijk allemaal. Ze willen toch zo snel mogelijk naar buiten in de sneeuw.

De tweeling spreekt met vrienden om half twee op de wei naast hun huis af.

Met de sneeuwschep maken ze een glijbaan voor de sleetjes en ze bouwen er een springschansje in. Julia heeft haar ski’s meegenomen. De andere kinderen hebben sleetjes of glijbordjes meegenomen.

Met een goeie snelheid ruisen ze over de sneeuwberg, die ontstaan is door het sneeuwruimen. Ze landen niet al te zacht op de weg. Gelukkig komt hier zelden een auto langs.

Het gejoel en geschreeuw van de kinderen lokt ook de honden op het balkon. Ze blaffen opgewonden en willen met de kinderen in de sneeuw rollen.

“Laat ze er toch uit, oma!”, roept Lucy.

Oma roept terug: “Dat doen we zeker niet! Dan nemen jullie de honden als sleehonden en laten jullie naar boven trekken.”

Pas als het schemerig wordt, hebben de kinderen genoeg. De sleebaan is nu in een prima toestand.

“Morgen bouwen we de schans nog iets hoger”, zegt Alex bij het afscheid nemen. “Direct na school.”

“Als het nog langer zo sneeuwt, kunnen we al gauw skiën op de Hausberg”, vindt Florian.

“Super!”, straalt Lucy. “Dan hebben we vast een hoop lol! Hopelijk passen onze skischoenen van vorig jaar nog. Kom La, die gaan we gelijk proberen.”

Allerheiligen, allerzielen en koude voeten

"Overmorgen is een feestdag", zegt oma. "Allerheiligen. En de dag erna is allerzielen."

"Wow, geen school!", weet Lucy. "Is dat in Edertal ook zo?"

"Nee, dat zijn katholieke feestdagen. Gaan jullie vanavond mee naar de mis? Jullie willen vast wel horen, hoe mooi we zingen."

"Oh ja! Opa jij gaat ook mee!", beslist Lara en knuffelt tegen hem aan.

"Nou, voor mijn part", zegt opa. "Laten we weer eens luisteren naar de zingende leeuwe-rikken. Maar daarna gaan jullie dan ook mee naar het kerkhof, als de graven gezegend worden.

"In ieder geval warm aankleden", raadt oma aan. "In de kerk is het altijd erg fris en op het kerkhof heb je zonder dikke sokken gelijk bevroren voeten."

'S Avonds constateert Lara verwondert: "Nou nou, de kerk is goed vol vandaag!"

"Op zo'n belangrijke dag denken de mensen aan gestorven familieleden en gaan daarom ook naar de kerkdienst. Dat is traditie. Maar goed, dat jullie oma ons vroegtijdig weggestuurd heeft. Jullie willen vast niet helemaal achteraan zitten, of wel?"

Opa stuurt de kinderen naar een bank zo'n beetje in het midden van de kerk. Zonder problemen schuiven de mensen wat dichter naar elkaar, zodat er nog ruimte is voor opa met zijn tweeling.

Lara moet gapen. Ze legt haar hoofd op opa's schouder en laat haar ogen door de kerk zwerven.

"Zoveel goud overal!", denkt ze. En dat gigantische altaar met de hoge zuilen! De vier gouden bogen, die ze steunen. En helemaal bovenop de geweldige gouden kroon! De grote mannelijke figuren aan beide kanten met de lange blauwe gewaden en de gouden stralenkrans zijn heilige; dat had de godsdienstlerares verteld. Hoe heetten die ook alweer? Het schiet haar niet te binnen. Petrus en Vitus of zoiets. Of Paulus?

Lucy stoot haar tweelingzus aan: “Kijk, La, daar vooraan zijn Anna en David en Sandra!”

“Jee, die zien er feestelijk uit!”, is Lara verwonderd. “Ze kijken wel heel ernstig.”

“Dat moeten ze wel! Ze zijn toch misdienaren”, weet Lucy. “Ik vind het er wel chic uitzien met die witte gewaden en met dat rood eraan. Dat zou ik ook wel willen doen.”

“Ssst, jullie twee. De kerkdienst begint!”, waarschuwt opa.

Er is een zachte melodie van de orgel en de violen te horen. Dan komen ineens de stemmen van het koor erbij, zacht en mooi... Gebannen luistert de tweeling, of ze oma’s stem er ook bovenuit horen.

“Dat klinkt helemaal geweldig in de grote kerkruimte! Net alsof de melodie tot in het kleinste hoekje vliegt, - net als kleine fluitende vogeltjes”, gaat het Lara door het hoofd. Ze voelt het kriebelen op haar rug, als de muziek tot haar doordringt. Ze ziet zichzelf ook daarboven staan naast de orgel en meezingen naast Sandra’s zus Stefanie.

“Als ik eindelijk veertien ben”, denkt ze, “dan doe ik ook mee bij het koor als jongste zangeres.”

Ze zingt echt graag, zodat oma haar het voorstel heeft gedaan, bij Christina in het kinderkoor mee te doen. Daar vermaakt ze zich ook zonder Lucy prima, want haar tweelingzus wilde niet meekomen. In dit geval hielpen ook Lara’s kunsten om iemand over te halen niet.

“Ik ben nou één keer geen nachtegaal! Jij kunt toch ook voor mij meezingen?”, was haar voorstel.

Terwijl de pastoor preekt, kijkt Lucy naar boven. Zo geweldig als dat er uitziet! Er is zoveel te zien! Op een zuil kan ze het getal 1764 herkennen. Is dat een jaargetal? Ze rekent heel zachtjes: "1764 tot 2008 is .... uhm .... ja, is precies 244. Zo lang moet dat geleden zijn? Waren er toen al zulke lange ladders en zulke mooie bonte kleuren? Hoeveel tijd zullen die schilders wel niet nodig gehad hebben voor deze mooie schilderijen?"

Dan hoort ze de belletjes van de misdienaren en ze ruikt de wierook.

Alle kerkbezoekers gaan staan voor de zegen. Dan is de harde orgelmuziek al te horen.

Na de kerkdienst wachten ze naast de kerkdeur op oma en de rest van het koor.

"Jullie muziek was heerlijk!", prijst opa. "Het oefenen is echt de moeite waard geweest."

Oma maakt een kleine buiging: "Bedankt voor het compliment, schat! Ik geef het graag door aan de koorleiding Inge en natuurlijk ook aan de organist, de muziekprofessor Faulhammer en zijn beide violisten. Die drie zijn trouwens vandaag weer extra uit Salzburg gekomen. Zo, en nu gaan we nog naar de zegening van de graven!"

De tweeling is verbaasd. In het donker ziet het kerkhof er heel vreemd uit.

"Zo veel rode kaarsen!", zegt Lara. "Dat zijn net kleine vuurtjes in de sneeuw."

"Wel een beetje eng, - maar ook een beetje mooi", vindt Lucy heel stil.

"Ja, echt geheimzinnig, echt mysterieus", bemerkt Lara huiverend.

"Ieder graf is met liefde netjes gemaakt", zegt oma bewonderend.

"De kunstvolle kruizen vind ik mooier als de grafstenen, zoals wij ze kennen."

"Kijk, er zitten zelfs foto's aan sommige kruizen. Daaraan kun je zien hoe de doden eruit zagen, toen ze nog leefden!", peinst Lara.

"Waarom zijn sommige kruizen van hout?", wil Lucy weten.

Opa weet het: "Dat zijn verse graven. Bij de begravenis worden alleen die eenvoudige houten kruizen op het graf gezet. Pas later, als de aarde op het graf een beetje in elkaar gezakt is, komt het tijdpunt voor het ijzeren kruis. Bekijk ze maar eens goed. Ieder kruis is uniek en kunstvol."

Maar als de kinderen zien, hoe stil en aandachtig alle mensen uit Waidring voor hun familiegraven staan te bidden, bewegen ze zich liever helemaal niet meer, - het maakt ze niet uit dat de puntjes van hun neus er rood bevroren uitzien en de voeten, ondanks de dikke laarzen, langzamerhand ijsvoeten worden.

"Wat heb ik koude vingers!", jammert Lara en dan mag ze haar handen in opa's jaszakken warm houden.

De pastoor gaat nu met zijn misdienaren van graf tot graf, zwaait met de wijwaterketel en zegent de overleden mensen.

"Of de dode mensen het goed vinden, dat we vandaag aan ze denken", peinst Lara.

"Vast wel", grijnst Lucy. "Ze glimlachen allemaal tevreden naar ons, helemaal naar jou, zoete La!"

"Nou, naar jou vast en zeker niet, zure Lu!", knort Lara.

Als eindelijk alle graven gezegend zijn, fluister oma: "Hebben jullie het ook zo ijskoud? Ik heb dringend en gelijk iets heets nodig, anders ben ik zo een oma-ijspegel!"

"Daar helpt, zoals bekend, glühwein of hete citroensap tegen", stelt opa voor. "Voorstel aangenomen!" Tandenklapperend wil oma zich inhaken bij opa.

Maar opa pakt gelijk Lucy. "Wij twee verdwijnen snel naar de bank om de hoek, dan tanken we bij de geldautomaat een handvol kleingeld. Jullie kunnen vast vooruit gaan naar Gasthof Schneidermann en zoek daar maar een knus plekje."

Het is echt lekker warm in de gezellige Tiroler Gaststube. In korte tijd zijn alle tafels bezet.

Opa kijkt om zich heen en constateert: "Vandaag zijn er alleen maar burgers uit Waidring. Om deze tijd van het jaar blijven de bewoners van Waidring eindelijk eens onder elkaar, - zonder toeristendrukte."

"Je bedoelt 'wij Waidringers', of niet?", verbetert oma. "Nou, ik vind het prima. Zo vind ik het dorp het beste. Maar het duurt natuurlijk niet meer lang en dan begint de kerstdrukte al weer."

Opa maakt bezwaar: "Stel je voor, dat er geen vakantiegasten meer komen. Dat zou erg zijn, want Waidring leeft van het toerisme. – Trouwens, je hebt toch niet vergeten, liefste, dat jij hier ook als 'toeri' hebt gezeten, - het lijkt wel eeuwen geleden."

Oma glimlacht: "Dat heb ik inderdaad, - en om dat te vergeten heeft niet echt veel moeite gekost, wat ik nog zo weet."

Opa geeft haar een kus. "Dat is maar goed ook en dat moet ook maar zo blijven, lieve Waidringer oma! En nu heb ik zin in iets hartigs. Uit de keuken ruikt het zo onweerstaanbaar lekker."

Als ze allemaal hun buik vol gegeten hebben en opa naar de rekening vraagt, is hij verwonderd: "Als dat geen service hier in huis is! Schijnbaar mochten de kinderen helemaal voor niks eten."

"Ik dacht, dat dat maar voor één kind zou gelden", is nu ook oma verwonderd.

Dan komt Gertrud, de waardin, grijnzend naar hun tafel: "Wie kan nou bij twee meisjes, die zo op elkaar lijken, zeggen, wie van die twee dat ene kind is. Zo geldt het voor allebei, bij wijze van uitzondering."

"Tweeling zou je moeten zijn! Hartelijk dank, lieve Gertrud!", straalt opa en geeft de aardige serveerster een extra-tweelingsfooi van Lara-Lucy.

Ieder jaar weer!

"Vandaag moeten jullie me helpen, kinderen!", zegt oma, als het huiswerk klaar is. "Zondag is de eerste advent."

Ze halen de dozen waar 'KERST' op staat uit de kelder.

"Ik verheug me al!", zegt Lara. "Dan wordt het overal zo gezellig knus."

Lucy zingt uit volle borst: "Alle Jahre wieder .... verheugt zich La! En zingt Kestliedjes .... Jippieee en hoeraaaa!"

"Nou en!", grinnikt Lara. "Jij verheugt je zeker helemaal niet!"

Opa heeft frisse dennetakken uit St.Johann meegenomen.

"Die ruiken echt naar advent!", snuffelt oma en doet de mooisten in een grote vaas om op de vloer te zetten.

De tweeling hangt kleine gekleurde kleifiguurtjes en strosterretjes aan de takken.

Lucy rent nog een keer naar de kelder. "Hier de houten denneboompjes voor het raam hebben we vergeten."

In het trappenhuis hangt opa de kerstster op. Die mag nu iedere avond glanzen tot in het nieuwe jaar. Naast de deur, waar al een krans met rode kerststerren hangt, zet hij het grote windlicht en de kaarsen van hout neer.

Dan mogen de kinderen oma helpen, om een adventkrans te binden. Ze zitten allevier om de tafel en geven de takjes aan. Lucy zeurt een beetje: "Dat prikt zo gemeen!"

"Anders waren het geen naalden", lacht Lara. "Zou je liever een adventkrans met bladeren hebben, maar dan wel zonder prikken, mijn arme klein zusje?"

Eindelijk worden de rode strikken om de kant-en-klare adventkrans gebonden en er komen nog vier dikke kaarsen op. Bewonderend zegt opa: "Mooi oma! Jij krijgt de adventkransorde in rood!"

De tweeling omarmt de kunstenares vrolijk.

“Mag ik de eerste kaars aansteken?”, vraagt Lara.

Gul bepaalt Lucy: “Op de eerste adventzondag jij, - op de tweede dan ik, - is toch logisch!”

“En op de derde oma en opa dan op de vierde”, stelt Lara voor. “En dan komen papa en mama. Hoera! Of ze ook blij zijn met ons fijne kersthuis?”

“Waarschijnlijk nog meer met de sneeuw er om heen”, vermoedt Lucy. “In Londen valt waarschijnlijk geen enkel vlokje. Ik vind, hier in Tirol ziet het er meer naar advent uit dan in Edertal zonder sneeuw. Jammer, dat we de sneeuw alleen per foto naar onze oude klas kunnen sturen.”

Ook op school draait zich alles om advent. Ze knutselen, luisteren naar kerstverhaaltjes, zingen oude Tiroler liedjes over het kindje in de stal en ze oefenen voor een herdertheater, wat ze tijdens de tentoonstelling met de kerststalletjes in de Pfarrsaal mogen opvoeren.

“Wanneer maken wij een kerststalletje, mevrouw Brandt?”, wil Martin weten.

“Volgende week!”, belooft de lerares lachend. “Jullie hebben geen geduld meer. Hebben jullie al genoeg dingen verzameld?”

“Ik heb mijn doos al bijna vol”, roept Daniel.

“Die van mij is ook vol!”, geeft Andrea aan.

Na de zomervakantie hadden alle kinderen de opdracht gekregen in het bos en bij het water naar alles uit te kijken, wat passend is voor het kerststalletje.

“Jullie moeten naar dingen zoeken, die in jullie stalletje passen!”, had de lerares gezegd. “Wat denken jullie, wat kan dat zijn?”

De klas had alles opgenoemd en op het bord geschreven: mos, hout, schors, denneappels, stenen, eikels, kastanjes, beukenootjes, slakkenhuizen, vogelveren, stro, gras,....

"Goed!", is mevrouw Brandt tevreden. "Ik ben benieuwd, wat jullie allemaal vinden. Jullie hebben in ieder geval genoeg tijd tot de adventtijd. Dan ga maar eens goed zoeken, kinderen!"

Met oma's hulp verzamelt de tweeling tot twee schoenendozen helemaal vol zijn.

"Nou, als dat niet genoeg is!", is opa blij, als ze hem alles laten zien. "Dan blijft er ook vast nog wel wat over voor onze grote kerststal."

De kinderen van de vierde klas mogen kiezen, of ze de stal voor de kleine Jezus van hout, dus echt in de Tiroolse stijl, of van piepschuim, en dan dus oriëntaals, maken. Ze zijn allemaal heel druk bezig. Een morgen op school vliegt zo voorbij.

Het materiaal voor de figuurtjes mogen ze ook zelf kiezen.

Oma stelt voor, om klei te bezorgen. Zo ontstaan met Lara's handige vingers leuke kleine mensjes en diertjes. Lucy plakt liever het kleine kribbetje voor de baby en legt de tuin aan, - zelfs met een waterbron en een klein kampvuurtje, waar dan Lara's herders, schapen, ezel en geiten zich op kunnen warmen.

In oma's naaimand vinden ze blauwe en bruine stof voor Maria's gewaad, de mantel van Jozef en een heerlijk zachte deken voor de kleine baby. Bij de buren halen ze nog een beetje schapewol voor de jassen van de herders.

Als Lara eindelijk het kleine jongetje met de stralenkrans van goudfolie voorzichtig in z'n strobedje legt, zucht Lucy tevreden:

"Zeg nou eens eerlijk, La, - ons kribbetje is toch fantastisch. – Maar natuurlijk zijn de anderen ook best mooi. Ieder stalletje is op een eigen manier mooi."

De lerares straalt: “Klopt precies, Lara-Lucy! Jullie hebben allemaal veel moeite gedaan, - ieder op zijn eigen manier. Ik vind, dat alle stalletjes goed gelukt zijn.”

Dat zeggen ook de inwoners van Waidring en de gasten, die in het weekend benieuwd naar de Pfarrsaal komen, om alle zelfgemaakte stalletjes te bekijken. Dat zijn die van de kinderen uit de vierde klas en die van de volwassenen, die er na hun werk hard mee bezig geweest zijn. En nu presenteren ze hele mooie grote Tiroler kerststallen. Wie kan er bij zoveel keus zeggen, welk kunstwerk het mooiste is?

Bij het herdertheater door de vierde klas klappen oma en opa het hardst. Opa is overgelukkig, omdat dit jaar zijn beide meisjes er ook bij zijn. Oma veegt ook stiekem een klein traantje van ontroering weg. De beide meisjes zien er ook prachtig uit: Lara als lief engeltje in oma’s oude lange jurk met echte vleugeltjes. Lucy als herdersjongen met een schapevel om haar schouders, opa’s tuinhoed en een oude houten lantaren, - van de buurvrouw geleend. Ze kennen allebei hun tekst uit hun hoofd. Je hoort ook bijna niet, dat ze nog een paar maand geleden het Tiroler dialect van de klasgenoten maar met moeite konden verstaan.

Aan het einde zingen alle kinderen in koor nog een kerstliedje.

Oma zingt zachtjes mee. Ze had iedere keer geluisterd, als de tweeling dit mooie Tiroler kerstlied geoefend had. Nadat ze alle drie coupletten uit hun hoofd wisten, vond Lara: “Dit vind ik het mooiste liedje voor de adventtijd.”

Om half zes worden alle kersttalletjes feestelijk door de pastoor gezegend. Daarna zijn de kerkklokken te horen voor de kerkdienst om 19 uur.

“Dat was me een dag, La!”, gaapt Lucy, als ze zich later lekker in hun deken rollen.

“Bingo!”, zegt Lara. “Daarom moet ik nu mijn dagboek nog voeren en dan maakt het niet uit, hoe moe ik ben. Jij kunt gerust vast gaan slapen, Lu! Slaap lekker, lieve zus!”

“Droom maar lekker van wolk drieëndertig, engelszusje”, mompelt Lucy en doet haar ogen al dicht.

Ook op dinsdag na de tweede advent moet Lara ’s avonds noch persé haar dagboek tevoorschijn halen, alhoewel ze al zo moe is en bijna niet meer kan schrijven. Lucy snurkt heel zachtjes, omdat haar neus dicht zit. De volgende morgen, als ze naar school zijn verdwenen, leest oma de grijnzende opa voor:

“Vanmorgen vroeg om half zes de wekker!!! Met oma naar de vroege adventkerkdienst (zes uur!!!) Met de schooltas! Buiten was het gruwelijk koud, erg donker. Echt spannend! Lu was de hele tijd aan het gapen.

De kerk feestelijk, veel mensen, - hadden we niet gedacht!

Uit de vierde klas was er ook nog: Judith, Julia, Daniel, Flori.

De misdienaren: Anna, Sandra, David. (Die zagen er helemaal niet moe uit.) Oma’s koor als altijd. Lu moest me warm houden, was ijskoud!

Daarna allemaal in de Pfarrsaal voor het ontbijt. Grote honger! Broodjes, jam, kaas (lekker!!!), hete thee voor mijn ijskoude voeten.

Mevrouw B. riep: “Wie komt er mee naar school?” Lucy liep gelijk weg, - zonder schooltas!

Mevrouw B. moest lachen: “Jij slaapt zeker nog, Lara-Lucy? Maar goed, dat jullie niet altijd zo vroeg op hoeven te staan.” (Waren op school maar een klein beetje moe. Maar nu om zo meer! Dus genoeg en ogen dicht!)

“Zo’n dagboek is echt een goeie zaak”, lacht oma. “Maar als je maar niet verraadt, dat ik gesnuffeld heb!”

“Ik kan zwijgen als het graf!”, belooft opa ernstig.

Op tweeëntwintig december stormen de kinderen joelend de school uit.

“Mens, La, we hebben vakantie!”, - Kerstvakantie, Lu!” Lara proeft het woord duidelijk op haar tong. Dan land er ineens een handvol sneeuw op haar muts.

“Bah, viezerik!” Lara schudt het koude spul van haar kraag en smijt twee handenvol sneeuw naar Lucy. Ze bukt heel snel, - Lara’s sneeuw landt in Sandra’s gezicht. Gelijk begint er een leuk sneeuwbalgevecht. Ze zien er al gauw alledrie uit als sneeuwpoppen. Dan neemt Sandra afscheid: “Nou moet ik echt naar huis, Lara-Lucy! Doei, Lara! Doei, Lucy! Fijne feestdagen voor jullie twee! En hopelijk mooie cadeautjes van het Christkind!”

“Dag Sandra!”, roept de tweeling. “En voor jou hopelijk ook leuke dingen van het Christkind!”

“Kom maar langs, als je mag!”, voegt Lucy er nog aan toe en gaat arm in arm met Lara verder. “Hé, morgen zijn papa en mama hier. Ik weet bijna niet meer, hoe ze er uit zien.”

“Ik weet het nog”, zegt Lara. “En ik verheug me al gigantisch!”

“Denk je, ik niet, grijnst Lucy. “Op onze eerste echte WWW!”

“Hè?”, doet Lara. “Wat betekent dat dan? – WWW?”

“Nou, misschien wel warme Weense worstjes, slimme zus?”, spot Lucy. “Denk nou gewoon na, La!”

Lara peinst, dan schiet haar wat te binnen: “Ach so, bedoel je ‘Weihnachten in Waidring’, ja? En de derde W?”

“Goed zo!”, prijst Lucy. “Je kunt ook witte Waidringer Weihnachten zeggen, - dus WWW.”

“Okay, dan verheugen we ons op onze eerste echte WWW, - niet maar gewoon vakantie, zoals eerder”, vindt Lara vrolijk.

Maar soms is het niet zo goed, om zich al van te voren heel erg op iets te verheugen. Dan is de teleurstelling nog groter.

Lara ziet het al aan Oma's droevige ogen: Er klopt iets niet!

Ze zijn net met het middageten klaar, dan komt opa al met de waarheid om de hoek: "Luister eens, lieverds! Ik heb twee nieuwtjes voor jullie, - een goeie en een slechte. Welke willen jullie eerst horen?"

"De goeie, - logisch!", zegt Lucy: "Liever eerst de slechte!", zegt Lara.

"Nou dan, het goeie nieuwtje: Jullie ouders zijn gisteren uit Londen weggevlogen en intussen in Edertal aangekomen. Nu het slechte nieuws: Vannacht is jullie moeder ziek geworden."

De kinderen staren ontzet naar opa. "Erg ziek?", vraagt Lucy angstig.

"Kan ze...? Moet ze...?", stottert Lara en begint te huilen.

"Ze moet in ieder geval in bed blijven. Jullie vader kon niet zeggen, wanneer ze weer op kan staan en kan reizen, omdat ze koorts heeft."

"Mama!", stottert Lara, maar Lucy bijt de tanden op elkaar en moppert: "Huil nou maar niet, La! Daar wordt mama ook niet sneller gezond van." Dan neemt ze haar zus troostend in de arm. "Tot 'Heiligabend' (de avond van 24 december) zijn het nog twee dagen. Misschien..."

"Zijn mama en papa... zijn ze met Kerst niet hier?" Ongelovig kijkt Lara eerst oma en dan opa aan. Kerst zonder ouders? Nee, daar wil ze liever helemaal niet aan denken. Dat is verschrikkelijk!

Oma probeert, de tweeling een beetje op te fleuren: "We moeten maar hopen, dat jullie mama zo snel mogelijk weer gezond is. Dat helpt vast wel!"

“Nou verheug ik me helemaal niet meer op Kerst!”, mokt Lucy. “Zonder papa en mama is dat helemaal niks.”

“Hé, en wat is er met jullie lieve grootouders en de twee lieve honden?”, wil opa weten. “Die tellen zeker helemaal niet mee?”

“Ach, opaatje! Zo bedoel ik dat toch niet!” Lucy neemt opa héél lief in haar armen. “Maar toch, - ik wil papa en mama hier hebben. Verder niks! Ik wil zelfs geen enkel cadeau!”

“Precies!”, knikt Lara ernstig. “Verder helemaal niks, - alleen papa en mama!”

“Weten jullie dat zeker?”, twijfelt opa. “Dan hoeft de Kerstman uit Edertal niet helemaal hier naar Tirol te komen met een zware zak.”

“Hou nou op, de kinderen te plagen, opa!”, zegt oma verergerd.

“Hier hebben we de Kerstman toch niet nodig, omdat hier in Tirol het Christkind komt. Weet je dat niet?”

Opa gniffelt: “Dan weet ik het, oma. Geef maar door aan het Christkind, dat er geen cadeautjes gebracht hoeven te worden. En jullie twee helden, jullie bellen gauw mama en dan kunnen jullie haar beterschap wensen! Dat helpt zeker!”

Het helpt helaas niet genoeg. De volgende dag gaat het nog niet echt beter met mama.

Op 23 december kan papa ook nog niet echt veel meer zeggen.

Op 24 december loopt de tweeling door het huis als een paar treurwilgen.

Oma heeft moeite, om ze over te halen, de Kerstboom te versieren.

Lara zeurt: “Ik had me er zo op verheugd, en nou heb ik helemaal geen zin meer.”

Als ze de grote Kerststal opzetten, is Lucy droevig: “Ik voel me helemaal niet kerstachtig.”

"Tja, wat denk je, hoe ik me voel?", bromt Lara en slikt de tranen weg, terwijl ze het gedroogde mos en de boomschors op het dak van de stal verdeelt. 's Middags klaagt ze ineens over heftige hoofdpijn en wil persé niet mee naar de kerk.

Lucy bedelt: Kom nou, La! Alsjeblieft! We hebben het toch Sandra beloofd. We moeten echt het theater zien! Zonder jou, ga ik natuurlijk ook niet." Ze werfelt door de haren van Lara.

"Man, La, kijk nou niet zo somber! Je steekt mij er ook nog mee aan."

Ze wil natuurlijk Lucy niet met haar droevigheid aansteken. Met hangende hoofden slentert de tweeling achter de grootouders aan.

"Kijk nou eens, hoe mooi de kerk belicht is met al die sneeuw", wil oma haar kleindochters opvrolijken. Maar dat kan niet eens de hoge Kerstboom met de ontelbare glinsterende lichtjes in de feestelijk versierde kerk.

Het theater van de schoolkinderen leidt een beetje af van hun grote verdriet. Bij het lied 'stille nacht' moet oma alleen meezingen. Met een dikke prop in de keel kun je moeilijk een toon zingen. En eigenlijk weten de kinderen, dat het oma's lievelingslied is. Helemaal, omdat een voormalige leraar uit Waidring, - Blasius Wimmer, - bijna 190 jaar geleden een nieuw couplet zou hebben geschreven.

Oma had het couplet op een adventzondag heel trots uit het Reiter-Buch 'Stille Nacht! Heil'ge Nacht!' gezongen:

"Heiliger Tag! Stille Nacht! Kön'gen auch kundgemacht durch denselben glänzenden Stern, tönt es laut in Nähe und Fern: Jesus der Retter ist da!"

Als later de kerkbezoekers elkaar met een vrolijk gezicht 'vrolijk Kerstfeest' wensen, lopen niet alleen bij Lara dikke tranen over de wangen.

Op weg naar huis probeert oma niet eens meer te troosten. En het valt ook niet meer op wat er het meeste glanst: de sneeuw of de sterren. Hoe kun je iets moois aan zo'n heldere Christnacht zien, als ze allemaal zo droevig zijn.

Eindelijk gaan ze om de bocht naar hun huis. Het licht van de brandende kaars naast de ingang kunnen ze nu al zien, - verder is alles stil en donker. Plotseling is het harde geblaf van Balu te horen, - in de opening van de huisdeur is een grote schaduw te zien... "Hallo Lara-Lucy!" Dat is toch...

"Papa!" Met vreugdegeschreeuw stort Lucy op de schaduw af, langs de auto met het kenteken van Korbach, wat ze nu pas in de oprit zien staan. Lara rent achter haar aan.

Ze knuffelen papa zo hard, tot hij hijgt: "Nou is het genoeg, lieverds! Bewaar nog maar wat voor mama. Ze wacht al ongeduldig op jullie!"

Nu heeft Lara weer een reden om te lachen: "Hoera! Eindelijk kan de Kerst echt beginnen!"

Ze hollen de trap op en vinden mama in opa's schommelstoel, - héél bleek, met een dikke sjaal om de nek, maar met een gelukkige glimlach.

"Gaat het weer goed met je, mama?", vraagt Lucy. Lara krijgt er geen woord uit en gaat heel voorzichtig bij mama zitten, zodat ze niet weer zieker wordt.

"Nou ja, ik doe m'n best", zegt mama met een schorre stem. "Belangrijk, is dat ik jullie niet aansteek met mijn verkoudheid."

Oma lacht: "Onzin! De goeie berglucht maakt je heel snel weer gezond na al die grijze mist in Londen. – En nu moeten we maar eens gaan kijken of er al pakjes zijn!"

"Pakjes? Hoezo pakjes?", doet opa verwonderd. "Mijn lieverds hadden maar één wens, - en die wens is nu net al in vervulling gegaan. Of zie ik dat verkeerd?"

Hij vertelt mama en papa over Lucy's wens. Mama's moeie ogen beginnen te glanzen.

"Ik wist het: We hebben twee geweldige kinderen!", lacht papa en neemt de tweeling in z'n armen. "Wat een geluk! De Kerstman in Edertal wilde ons namelijk persé iets meegeven. Hij wou niet al het werk aan het Tiroler Christkind overlaten."

Daar kan de tweeling natuurlijk niks meer tegen zeggen, want bij deze avond voor Kerst horen nou één keer pakjes.

Als na het vele uitpakken, nog een hele grote hoop in elkaar gepropt papier overblijft, slaat opa met z'n hand op zijn voorhoofd. "Nou had ik het bijna vergeten. Ik word, geloof ik langzaam oud!" Uit de kast tovert hij nog een bont gekleurd pakje.

"Dat is eigenlijk net iets voor jou, mijn zoon!"

"Dan ben ik benieuwd, papa!" Als een lieve jongen zit papa op de hoekbank en doet voorzichtig het zilveren strikje van het pakje af.

De tweeling krijgt een hele lange nek, als ze het bekende merk zien.

"Hihi, een speelgoedmannetje voor onze kleine papa!", doet Lucy.

Verrast staart papa naar het doosje en kan zijn ogen niet geloven.

"Jeetje mina!", is hij verwonderd. "Dat is een bordje richting Waidring!"

Inderdaad! Een kleine skiër en een snowboarder staan naast hun auto bij een wegwijzer. En op de pijlen is duidelijk te lezen: WAIDRING en STEINPLATTE, eronder HAUSBERG en BÄRECK.

“Dat is gaaf!” Ook mama is onder de indruk. “Dankjewel lieve opa! Dat is een goed gelukte reclamestunt voor Waidring. Waar heb je dat kunnen krijgen?”

“Kerstkindgeheim”, grijnst opa schalks.

Na het avondeten knuffelen de kinderen tegen mama aan op de bank bij de kachel. De kachel is zo gezellig warm. Mama drinkt gedwee oma’s kruidenthee met citroen en veel berghoning.

Haar ogen glanzen bijna nog meer dan de kaarsen. “Nou voel ik me al een stuk beter”, vindt ze en drukt haar meisjes tegen zich aan. Die willen haar een heleboel in één keer vertellen: “Stel je voor, mama, Sinterklaas heet hier Nikolo. Hij heeft geen rode mantel met een rode muts en ook geen witte wattenbaart. – Nee, hij komt al op 5 december en draagt een feestelijke Mytra, wit met goud eraan, op zijn hoofd. Dat is die hoge bisschopsmuts met twee punten.”

“In de hand heeft hij een gouden bisschopsstaaf, en hij komt op een wit paard aangereden. En hij heeft ook altijd wat lekkers voor de kinderen bij zich. Als het schemerig wordt, wachten we allemaal voor het muziekpaviljoen op hem.” “Als de kerkklokken ’s avonds om acht uur te horen zijn, komen er ineens allemaal gemene duiveltjes. Die grommen verschrikkelijk en slaan je met een roe!”

“Ik moest me achter opa verstoppen. Ik wou liever geen klappen met die roe!”

“Jij bent ook zo angstig! Maar Flori heeft La getroost, mama! Ze was echt héél moedig!”

Nu bemoeit oma er zich ook mee: “Ze zagen er echt verschrikkelijk uit met hun lelijke gezichten! Ik werd er zelfs bijna bang van, zoals ze op ons afgelopen kwamen met hun verschrikkelijke gegrom!”

Papa had geamuseerd geluisterd en legt uit: “Het zijn allemaal jonge jongens, die zich zo verkleden met die verschrikkelijke maskers. Dat is hier in de bergen een traditie, om de boze geesten weg te jagen. Behalve zo’n roe, nemen die duiveltjes ook koeienstaarten om te slaan.”

Opa laat vanuit z’n schommelstoel ook van zich horen: “Die maskers zijn trouwens héél kostbaar. Schat maar eens, hoeveel zo’n duiveltje voor zijn lelijke uiterlijk uit moet geven.”

“Honderd Euro misschien?”, vermoedt Lara.

“Doe dat maar keer vier en dan doe je er nog vijftig Euro bij, - alleen voor dat masker. Daar komt nog het velkostuum bij, meestal geitenvel. Dat kan zo rond de duizend Euro kosten.”

“Wow!”, doet Lucy. “Zoveel geld, om één keer in het jaar zo’n show op te voeren.”

“Die dag, 5 december, is nou één keer héél belangrijk voor de jongens in het dorp. Dan wil iedereen er zo lelijk mogelijk uit zien”, denkt Lara.

Ze kletsen aan één stuk door, tot mama de ogen dichtvallen en oma de meisjes naar bed stuurt.

Om in de kerk bij de late Kerstkerkdienst op te treden met haar koor, moet oma dit jaar alleen gaan.

“Het is het mooiste Kerstfeest van allemaal”, constateert Lara op eerste Kerstdag, als ze na het feesteten om de grote tafel in de serre zitten, - volgegeten en tevreden.

Opa heeft het kleine oventje aangedaan. Het is nu echt aangenaam warm hier binnen, terwijl aan de buitenkant van de grote ramen de koude vorst bijna te zien is, omdat de kleine sneeuwkristallen, die in de lucht zweven, in de zon glanzen.

“Helaas gaat de zon in de winter veel te vroeg onder”, constateert oma en vindt het echt jammer; je ziet nu al de lange schaduwen van de hoge dennen aan de rand van het bos.

“De Hausberg zit in de weg”, vindt Lara. “De berg slokt zo meteen de zon op.”

“Maar om te skiën is die berg wel hard nodig, onze Hausberg.“ Lucy glijdt onrustig op de bank heen en weer. “Wij wilden toch eigenlijk gelijk na het eten gaan skiën, of niet?“

“Dan maar gelijk op de ski’s, voordat het weer koud wordt!”, dringt oma aan.

Ze marcheren naar de Hausberg, langs het grote oude Kersttalletje van hout met de houtgesneden figuren, die Lara altijd graag wil bekijken, als ze naar het dorp lopen.

De ouders zijn verwonderd, hoe groot de vorderingen van de kinderen op de piste zijn.

Mama kijkt liever nog, omdat ze nog aardig zwak is. Dus moet papa maar meedoen en wedstrijdjes skiën met de meisjes.

Mama filmt ze, zo gauw als ze helemaal boven uit het bos opduiken en naar beneden op haar afglijden, - Lucy meestal vooraan.

Later komen ook oma en opa nog met de honden langs, om hun ‘skihaasjes’ te kunnen bewonderen.

Ze genieten iedere dag van de sneeuw. Zo gauw mama zich beter voelt, gaan ze met de gondelbaan naar het Skiparadies Steinplatte. Zo hoog boven met zoveel liften en de heerlijke skiroutes is het zeker nog een keer zo leuk. Tussen de middag zitten ze tussen de andere skiërs in de gezellige hut van de Stallenalm en eten heerlijk Knödel met zuurkool en spare-ribs.

“Zo heb ik dat gewenst”, zucht mama gelukkig. “Bij dit heerlijke weer drie weken vakantie, - dat zou toch wat zijn, schat!”

“Maar overmorgen is al oud en nieuw, - helaas!”, steunt de schat.

“Waarom zeg je ‘helaas’, papa?”, wil Lara weten. “Je moet je toch op oud en nieuw verheugen!”

“Ach, gewoon zo, lieverd!”, zegt papa en kijkt waarschuwend naar mama, wat betekent: “Hier boven is het veel te mooi, om aan afscheid te denken. Dat komt nog vroeg genoeg!”

Bij het middageten op 30 december vraagt mama: “Hebben jullie zin om vanavond met de slee iets te gaan doen? De laatste keer in het oude jaar!”

“Bedoel je de Rodelbahn bij Oberweißbach?” Oma krijgt glanzenden ogen.

“Prima idee, mama!”, roepen de kinderen en papa gelijdtijdig.

“Mogen opa’s ook mee?”, vraagt opa na. “Als ze zin hebben om sleesleper te spelen.”

Zo gauw het donker wordt, worden ze in opa’s oude jeep gepropt en ze rijden naar het bergrestaurant. Na het heerlijke avondeten, vragen ze aan Andi, de waard, of hij drie sleetjes klaar kan zetten.

Hij zegt: “Hé, jullie kunnen de sleetjes gelijk hebben, - maar er is helaas geen licht voor jullie vandaag. Het licht voor de Rodelbahn is uitgevallen.”

“Gemeen! Zeer gemeen!”, moppert Lucy. “Altijd als we ons op iets verheugen!”

“Langzaam, meisje!”, remt Andi. “Wie moet er gelijk mopperen? We kunnen jullie twee sterke zaklampen lenen, als jullie willen.”

“Zaklampen? Om te rodelen?”, Lara krijgt grote ogen. “Hoe moet dat dan?”

“Waarom niet? Wij zijn vroeger altijd, toen we de lichten nog niet hadden, op die manier met de slee in het donker naar beneden gekomen”, kan zich de waard herinneren.

playwoidl
STEINPLATTE
WAIDRING
CURLING
HAUSBERG
BÄRECK

Opa doet er nog een staaflamp uit de auto bij. Dan gaat het met veel gejoel en geschreeuw de berg af. Bij het licht van de zaklampen hebben ze ontzettend veel pret.

Vooraan papa met zijn lange benen. Dicht achter hem mama met Lucy. Als hekkensluiter oma met Lara.

“Joehoeoe!”, roept Lara en prutst met de lamp.

“Kijk eens, oma! Zoveel heldere sterren!” De lichtstraal straalt direct boven de boomtoppen...

“Kind, ben je mal geworden! Wil je het licht wel even direct op de baan richten?!”, kijft oma en remt met haar sneeuwlaarzen. “Hoe moet ik anders zien, waar we naartoe moeten?”

Lara schrikt: “Sorry, oma!” Gauw richt ze de lichtstraal weer direct op de weg.

“Mijn dromerd!”, zucht oma en drukt Lara nog dichter tegen zich aan. “Zo, baan vrij! Wij komen!”

De ijzige wind prikkelt op de huid. Al gauw wordt de weg naar beneden al wat smaller en er zijn meer bochten.

“Joehoeoe!”, roept Lara. “Snel naar beneden!”

“Joehoeoe!”, roept ook oma. “Dat kriebelt in de buik!”

Een laatste steile bocht, - ze glijden op de wei naast de parkeerplaats en klauteren lachend van de slee.

Gelijk zeurt papa: “Hebben jullie onderweg winterslaap gehouden? Of de bomen geteld? We wilden net een zoektroep sturen.”

“Oh, we hebben het mooie winterlandschap bekeken”, grijnzen oma en Lara. “Helemaal de mooie heldere sterren.”

Opa wacht al op ze. Papa bindt de sleetjes aan de koppeling voor de aanhanger.

Ze dringen weer allemaal de auto in, dan gaat het langzaam met de auto naar boven.

Na de derde keer staken oma en Lara. Na de vierde ronde hebben de anderen ook genoeg van de sneeuw en ze verheugen zich op de warme kamer en op oma's dampende kruidenthee met een scheutje drank erin; natuurlijk niet voor de kinderen.

"Vanmiddag is er een middagslaapje voor iedereen ingepland, - zonder tegenwoorden!", bestemt oma op de laatste dag van het jaar. "Jullie willen toch ook tot in het nieuwe jaar alles meemaken. Dan moeten we in het vooruit slapen."

De tweeling kruipt per uitzondering vrijwillig in bed en ze zijn pas na twee uur weer wakker. Als het begint te schemeren, worden de honden onrustig. Balu blijft constant aan de zijde van zijn vrouwtje, nadat het een paar keer knalde in het dorp.

Oma heeft medelijden met hem: "Mijn arme hondevent. Al gauw komt er weer veel lawaai voor jullie gevoelige oren. Gelukkig moeten we niet in de stad zijn. Daar is om deze tijd met zekerheid al meer lawaai."

"Ja, hier in Waidring steken zelfs de gasten niet zo veel vuurwerk af", verheugt zich opa. "Er is alleen 's avonds een groot vuurwerk op de Hausberg voor de bewoners en gasten. Om twaalf uur in de nacht knalt het dan natuurlijk ook nog een keer goed."

Dan is het zover: Het nieuwe jaar wordt ingeluid. Ze proosten met elkaar met champagne en kinderchampagne. Plotseling rent Balu in wilde paniek in de donkerste hoek van de kelder en Sonny kruipt onder de hoekbank. Als op commando flitst en dondert het door het dal. Bewonderend staan ze op het balkon en genieten van de lichtgevende prachtige kleuren voor de donkere bergen.

"Ik kan de sterren bijna niet meer zien", zegt Lara.

“Ja, ik vind het dit jaar veel geweldiger, als vorig jaar”, herinnert zich mama. “Kijk maar, daar boven de kampeerplaats is het bijzonder mooi.”

“Ah” en “Oh” is van de tweeling te horen, als er één kleurenregen na de andere in de donkerheid vergloeit.

Gelijk zijn er weer nieuwe gekleurde ballen in de zwarte nachthemel te zien.

Opa wijst boven de daken van de buren. “In de Achenweg wordt er nu ook goed geknald.”

“Tuurlijk, die hebben daar een echte sneeuwbar opgebouwd, - midden in de wei. Daar zal iedereen wel met elkaar vieren”, weet oma.

Mama bibbert: “Brrrr, bij deze kou! Zulke hoeveelheden Glühwein kan ik niet eens drinken.”

Opa lacht: “Ik denk, dat de Waidringers dat niks uitmaakt. Ze zijn veel meer aan sneeuw en kou gewend, als jullie Edertaler uit Londen.”

Lucy trekt papa aan z’n mouw. “Mogen wij ook eindelijk wat afsteken? We hebben toch genoeg voorraad.”

Opa stuurt ze naar het terras: “Nou, laat dan maar eens wat zien; ik ben benieuwd!”

In de sneeuw lukt het helaas niet met alle vuurpijlen. Maar het is wel leuk, om zelf ook een beetje lawaai te maken. Aan het eind brengt oma het zakje met de sterretjes. De kinderen kunnen ze aan het hek hangen. Achter elkaar laten alle kaarsen hun vonkelende sterren sproeien.

Oma is er helemaal weg van: “Ons mini-vuurwerk is toch ook wat! En het maakt geen lawaai. Ik vind, dat het er in de sneeuw het mooist uitziet.”

Omdat ze door de koude berglucht nog eens trek in iets warms hebben, kookt oma heerlijke punch. Ze eten er heerlijke Berlijnse pannekoeken bij.

“Ah, lekker, pruimenmoes!”, smakt Lucy en bijt in de derde pannekoek.

“Poeh, ik ben zo vol, dat ik zou kunnen ontploffen!”, steunt Lara.

Lucy kauwt, slikt en waarschuwt: “Opgepast! Zometeen komt de mega-Lara-nieuwjaarsknal! Dekking zoeken!”

“Wie heeft er zin in een stevige nieuwjaars-sneeuwbalslacht?”, vraagt papa in de ronde.

Lucy flitst weg naar de dikke jassen. Al gauw vliegen de sneeuwballen heen en weer over de wei. Papa, Lucy en opa tegen mama, Lara en oma.

“Die stomme sneeuw plakt voor geen meter”, moppert Lucy.

“Geen wonder als het zo hard vriest”, vindt papa en gooit mama een lading eissneeuw op haar rug.

“Wraak!”, schreeuwt mama en mikt op papa’s skimuts. Aangelokt door het geschreeuw, waagt zich Sonny uit haar verstopplaats en probeert, de sneeuwstukken te vangen. Al gauw is haar vel vol met witte poedersneeuw.

Op nieuwjaarsmorgen na een uitgebreid ontbijt wordt mama ongeduldig: “Kom schat, we moeten inpakken!”, waarschuwt ze.

Papa zucht: “Dat is niet eerlijk! Voor ons start het nieuwe jaar gelijk met een bult werk.”

“Kunnen jullie niet nog hier blijven? We hebben nog tot maandag vakantie”, zeuren de kinderen.

“Dat zou mooi zijn”, zegt mama. “Jullie moeten de sneeuw maar voor ons meegenieten. Ik zou graag een grote zak sneeuw meenemen en aan de Engelsen laten zien. Daar sneeuwt het natuurlijk maar zelden.”

“Dan is er ineens een plas onder je stoel in het vliegtuig”, stelt Lara zich voor.

“Je moet maar beter een paar sneeuwfoto’s maken. Die ontdooien niet”, is oma’s idee.

De tweeling zwaait weer ten afscheid, deze keer zelfs zonder tranen.

“Goeie reis naar Londen!”, roepen ze. “Dag mama! Dag papa! Schrijf maar gauw! Hatsjoe! Hatsjoe...” Dat is Lucy.

“Hatsjoe! Hatsjoe...!” is er een echo van Lara te horen en ze begint te hoesten.

Geschrokken vraagt oma: “Zijn jullie vannacht verkouden geworden, lieverds?”

“Ik ben bang van wel”, zegt Lucy met een schorre stem en houdt de handen tegen haar voorhoofd. “Mijn kop bromt, net alsof er duizend hommels rondvliegen. Hatsjoe...”

“Daarbij helpt de heldere winterlucht het beste”, vindt oma. “Dan gelijk maar een nieuwjaarsmars!”

Maar de beide meisjes blijven liever in de warme kamer.

Als oma met een rode neus van de kou en warmgelopen voeten thuiskomt, is Lucy naar bed gegaan. Lara zit bij opa op schoot en hangt tegen zijn schouder aan.

“Onze arme meisjes hebben het goed te pakken”, verkondigt opa ernstig. “We hebben dringend eerste hulp nodig, hoofdzuster!”

“Doe niet zo gek, opa!”, wijst oma hem terecht en zet theewater op. “Laat je maar niet aansteken.”

“Nou en?”, lacht opa. “”Dan heb je drie patiënten.”

“Zeurpiet! Jij krijgt voor straf ook lindebloesemthee met honing en veel citroen”, dreigt oma. “Dat helpt tegen alle bacillen.”

Deze hele, de volgende en de halve dag daarop zweet de tweeling onder de deken. Ze slapen, niesen, rochelen, slapen weer, drinken netjes hun hete thee en nemen een hoestdrankje.

Oma stapt extra donderdagavond door de hoge sneeuw naar de dorpsbibliotheek en vraagt de bibliotheeksleider Hermann naar spannende boeken voor de zieke meisjes. Lara's hoofd bromt nog maar een beetje. Ze heeft wel weer zin om te lezen.

Maar de arme Lucy kan opa niet eens met een nieuwe spannende videofilm uit het bed lokken.

Pas op 4 januari durven ze voor een half uurtje naar buiten in de sneeuw, - nog steeds snotterend, maar uitgeslapen. Dan is de vakantie afgelopen. Oma sleept de twee meisjes nog naar de dokter in Waidring. Hij raadt aan, nadat hij de meisjes beluisterd heeft: "Jullie mogen gerust weer naar school. Frisse lucht doet goed, - en vooral de zon. Maar niet te veel in één keer."

Lucy zeurt: "Dat is nou ook dom! In de vakantie ziek! Dat kan ook alleen maar ons gebeuren."

Lara troost haar zus: "Wees blij, als we alle kinderen weer zien. Nou, ik verheug me op school."

Lucy kijkt haar van opzij aan: "Tuurlijk, lief zusje. En op wie het meest?"

"Haha!" Lara tikt met haar wijsvinger op haar voorhoofd en draait haar zus de rug toe.

"Precies, haha, tomatentijd!", spot Lucy, zoals zo vaak, als Lara een rood hoofd krijgt.

"Gekke zus!", oppert Lara. "Ik ken iemand, die zich al op ene Lucy verheugt."

Tweeling zijn is niet altijd even leuk! Helemaal dan, als de ene helft het niet kan laten, de andere te plagen.

Wat zegt oma zo vaak: "Wie zich laat ergeren, is zelf schuld, want er moeten er altijd twee zijn om te ergeren!"

Laaara, - waar ben je?

In februari is het al weer vakantie, - deze keer maar voor één week.

"Skivakantie", zeggen de schoolkinderen. Daar heb je natuurlijk sneeuw voor nodig, - zelfs veel sneeuw.

In deze winter is dat helemaal prima: het heeft twee dagen en twee nachten achter elkaar gesneeuwd, zonder op te houden.

Op de Steinplatte is de sneeuwsituatie uitstekend.

Judith heeft gebeld en de tweeling uitgenodigd mee naar boven te komen.

"Mijn moeder is er ook bij", heeft ze beloofd, zodat oma en opa niet 'nee' kunnen zeggen.

Oma is er niet helemaal van overtuigd: "Bij dit weer willen jullie naar boven? Schijnbaar sneeuwt het de hele dag door." Lucy wuift alle bedenken weg:

"Ach, omaatje, profi-skiër! Skiërs hebben toch sneeuw nodig, zelfs een heleboel sneeuw, anders is het toch niet leuk. En weet je, juist die verse sneeuw is geweldig!"

"Als de zon schijnt, kan iedere beginner skiën", beweert Lara.

Dat moet oma wel inzien. "Maar alsjeblieft goed op jezelf oppassen. Allemaal dicht bij elkaar blijven en naar de mama van Judith luisteren. Beloofd?"

"Nee, waarom?", perst Lucy er tussen twee lepels cornflakes uit. "We waren eigenlijk van plan, om in de grote lawine terecht te komen en dan zomaar van de berg af te rollen."

"We staan namelijk de eerst keer op de latten en zijn nog nooit op de Steinplatte geweest om te skiën!", smakt Lara.

"Praatjesmakers!", moppert oma. "Met volle mond zijn jullie prima te verstaan. Maak maar dat jullie op de latten komen!"

Ze spreken af bij de gondelbaan in het dal.

“Opaatje, kun jij ons brengen? Alsjeblieft!”, slijmt Lara.

“Ach ja, lieve allerbeste opa!”, bedelt Lucy.

Ze drukken opa allebei een kus op de wang, - Lara rechts en Lucy links. Hoe moet de allerbeste opa nou nog ‘nee’ zeggen? En hij weet ook wel hoe het is: met de lompe skischoenen, de zware ski’s op de schouders en de rugzakken met wat lekkers erin, lijkt de weg door het dorp dubbel zo lang.

Direct bij de brede trap bij het gondelstation zet opa de tweeling af. De grote parkeerplaats is vol met auto’s en bussen.

“Ski heil, lieverds! En niet de benen breken!”

Trots ziet hij de beide meisjes de trap op lopen. Fijn, dat ze de wintersport zo leuk vinden. Hij zwaait naar Bobo, de pinguin, wiens zwarte kop met de gele snavel nieuwsgierig uit Lucy’s rugzak kijkt. “Pas goed op, op je beide vrouwtjes, lieve Bobo!”, maant hij de skimaskotte van Waidring aan.

Sandra en Anna begroeten de meisjes met een luidruchtig “Hallo, Lara-Lucy! Vandaag wordt het pret daarboven! Zijn jullie twee fit?”

“En hoe! Superfit!”, zegt Lucy.

Dan komen Judith en haar moeder Lisa er al aan.

Ze hebben allemaal seizoenkaarten en hoeven niet in de rij bij de kassa te staan.

Lisa begroet de kinderen: “Hup meisjes!”, en loodst ze door de menigte naar de gondels.

Pas als de vierde gondel eraan komt, zijn ze eindelijk aan de beurt.

“Gaaf, het is een groene!”, zijn de kinderen blij en dringen naar binnen, in de duikklok.

Die is gedacht als reclame voor Triassicpark, wat de nieuwste attractie is voor de zomergasten in Waidring.

In de volle gondel tussen de skiërs uit Duitsland en Nederland zweven ze steil naar boven.

Lisa vindt: “Nou ja, er is veel te doen vandaag! Er is nu overal vakantie. De gasten komen overal vandaan naar Waidring.”

“En dan schijnt niet eens de zon”, is Lucy verwonderd.

Lisa lacht: “Dan hoeven we helemaal niet te gaan skiën.” Een oudere man bemoeit zich ermee: “Wacht maar eens af, tot ze binnenkort een nieuwe gondelbaan vanaf Reit im Winkl naar de Steinplatte maken. Dan komen er nog eens een boel gasten van die kant bij.”

“Nou ja, er is toch genoeg ruimte voor iedereen hierboven”, vindt Lisa. “Maakt niet uit, van welke kant de mensen komen.”

Hoe hoger ze komen, wordt het uitzicht steeds mooier.

“Kijk, La, daar beneden gooit oma net een balletje naar Balu!”, Lucy stoot haar zus aan.

Die steekt haar tong uit en bewondert liever aan de andere kant het massief van de “Wilder Kaiser.”

“Die ziet er echt uit als een keizer. Zo majestatisch, ondanks de donkere wolken”, vindt een jonge vrouw.

“Die moet je eens bij stralende zon en blauwe hemel zien”, antwoord haar bruingebrande begeleiding. “En die kleinere bergtop daarvoor is Fellhorn, als je dat interesseert, schat!”

De gondel schommelt weer langs een hoge mast. Ze komen vlak langs de steile wand. Nog een ruk! Voor hun ligt de hoogvlakte als een witte doek.

Ze zweven naar het bergstation. Sandra roept: “Alles uitstappen!”

Lachend dringen de skiërs naar buiten.

De latten hebben ze snel onder de voeten, de ritsen dichtgetrokken, de helm vastgemaakt, de brillen rechtgezet en de lussen van de skistokken over de dikke handschoenen gedaan.

Lisa zwaait met de skistok: “Kom op, meisjes! Blijf goed bij elkaar bij dit rotweer. Dat we niemand verliezen, begrepen?” Dicht achter elkaar glijden ze door de verse sneeuw naar beneden.

De eerste keer naar beneden kost Lara iedere keer weer moeite, voordat ze weer aan haar ski’s gewend is. Bij de eerste steile helling valt ze gelijk al.

“Rotdingen!”, vloekt ze en krabbelt met moeite weer overeind.

De anderen zijn al verder geskied. Lucy kan ze gelukkig nog van ver zien met haar knalgele skipak. Ze zwaait met de stokken en brult: “Hé, La, waar blijf je nou? Ben je op je kont geland?”

“Ik ben er al!”, knort Lara. Ze wil niet toegeven, hoe onzeker ze skiet. Twee of drie hellingen nog en dan is ze vast wel weer fit. De anderen kijken al naar de twee uit.

“Alles in orde?”, roept Lisa ze tegemoet. “We zien elkaar bij de Kapellenlift.”

Opgelucht zucht Lara, als ze bij het liftstation tussen een heleboel skiërs schuiven om te wachten. Ze blijft dicht bij Lucy, zodat ze elkaar niet uit het oog verliezen. Ze moet toch met haar zus in de stoeltjeslift! Naast elkaar glijden ze op de loopbaan, draaien zich even om, naar de stoeltjes. Een ruk,- ze laten zich in de kussentjes vallen. De voeten met de lange ski’s inpakken en dan goed gaan zitten, doorademen!

Anna, die naast hun en Sandra zit, is blij: “Lekker warm hier binnen!

De jonge man aan de andere kant vindt: “Wat een service! Verwarmde kussens voor afgekoelde zitoppervlaktes!” Met een krachtige ruk gaat de kap van de lift dicht.

“Mee eens dames? Of hebben jullie liever frisse winterwind?”

“Is okay!”, lacht Anna. “Wat mij betreft, kan de kou buiten blijven.

Na de vermoeiende afdaling, geniet Lara van de rit met de verwarmde lift naar boven. Ze knuffelt tegen Lucy aan en schuift de skibril op haar voorhoofd. Het zicht van hier boven is wel ver! En de sneeuw glittert zo mooi, - zelfs zonder zon. Van hierboven lijken de pistenapparaten niet zo gevaarlijk. Met die lastige knipperlichtjes en het doordringende gepiep duiken ze altijd net dan voor Lara op, als ze op een steile helling niet uit kan wijken. Nou zweeft ze er ineens zomaar overheen.

"Het ziet er naar meer sneeuw uit", constateert de vrouw.

"Is toch prima!", vindt de man. "Verse sneeuw kunnen we altijd goed gebruiken. Of vinden jullie niet, meisjes?"

"Tuurlijk, maar die zou eigenlijk in de nacht moeten vallen", denkt Anna na.

Sandra zegt: "Ik ski eigenlijk het liefst als de zon schijnt, maar dat is altijd zo fel aan de ogen."

"Nou, dat maakt jullie toch niet uit. Jullie zijn toch van hier, of niet?", vraagt de vrouw. "In de bergen worden jullie toch met ski's geboren!"

"Dat zou te gek zijn!", denkt Lara. Als ze half zo zeker op de latten zou kunnen zijn als haar vrienden hier in Tirol! Tot dan moet ze in ieder geval nog hard oefenen.

Al bij de tweede helling heeft ze de ski's al beter in de hand. Langzaam aan vindt ze het weer leuk, alhoewel ze een paar keer languit in de sneeuw landt.

Op de helft van het parcours tot aan de lift, verzamelt Lisa haar vijf schaapjes om ze eens te tellen.

"Kijk nou eens!", is ze verwonderd. "Intussen zijn we met z'n zevenen!"

"Tja, er is gewoon nog iemand bijgekomen!" Judith begroet Florian en Daniel.

“Zijn jullie al langer hier boven?”, wil haar moeder weten. “Willen jullie met ons mee skiën?”

“Mogen we dat?”, grijnst Daniel. – “Nee, hoe kom je daar nou bij?”, lacht Judith hem uit.

“Je kunt me wat!” Als een bliksem ruist Daniel de helling af.

“Dan tot straks. Doei!” Ook Florian ruist er van door, zodat de sneeuw opstuift.

“Die hebben het goed!”, denkt Lara. “Als ik ooit nog een keer geboren word, dan het liefst gelijk met ski’s aan de voeten en natuurlijk in Tirol!”

De jongens duiken iedere keer weer op. Ze skiën een poosje naast de tweeling en plagen ze een beetje. Lara vindt dat helemaal niet leuk.

“Die hadden we net nog nodig!”, moppert ze en landt – plof – onzacht op haar achterste.

Dan is Florian gelijk bij haar en helpt haar weer op de been.

“Dankjewel!”, mompelt ze en wenst zich, dat ze ergens aan zee zou zijn. Ze zou op het moment veel liever gaan zwemmen. En dan hoefde ze zich ook niet te schamen tegenover de anderen.

“Doe ik toch graag, tweeling!”, glimlacht Florian. “Hé, ik denk, dat je gewoon nog een beetje bang bent en dan maak je je helemaal stijf. Heb je toch niet nodig. Gaat toch helemaal vanzelf, als je de ski’s laat gaan. Probeer het eens!”

“Jij hebt makkelijk praten, jongen!”, bromt Lara en glimlacht dapper terug. Waarom kan zij niet zo ontspannen zijn als haar zus – en zelfs nog onzin maken met Daniel? Het is niet eerlijk! Zoiets wil dan tweelingzus zijn!

“Hé, lastposten!”, spot Sandra, omdat Florian helemaal niet meer bij Lara weg wil. “Jaag ze maar weg, die lastige jongens!”

Lucy lacht: “Zullen we ze wegjagen, La? Of houden we ze als privé-skileraar?”

"Maar we hebben geen rood skipak, zoals in de skischool van Waidring", grapt Daniel.

"We zijn ook hulp-skileraren", stelt Florian voor. "Jullie hoeven ook niks te betalen."

Lara vindt het prima als de jongens in de buurt zijn. Helemaal Florian is heel ernstig in zijn rol als skileraar.

Bij iedere val helpt hij de tweeling weer op de been, zonder een ander gezicht op te zetten. Één keer valt Lucy's pinguin uit de rugzak. Florian grijpt de zwarte vogel en laat hem aan één vleugel hoog boven zijn helm vliegen.

"Hé, geef mijn arme Bobo weer terug, lummel!", krijst Lucy. "Het is toch geen helicopter!"

"Ze bedoelt het niet zo", verontschuldigt Lara haar woedende zus. "Haar bobo mag gewoon niemand iets doen."

"Dat had ik toch kunnen weten", glimlacht de jongen. "Wees niet meer boos, Lucy! Overigens, jullie skileraar is erg tevreden met jullie meisjes, dat jullie het maar even weten."

"Danke je, Flori! Jij bent echt okay!", zegt Lara zachtjes.

Ze mag het wel, dat hij een beetje rood wordt onder zijn bruine huid en haar dan verlegen aankijkt. "Belangrijk is, dat je het leuk vindt en ook niet meer bang bent bij het skiën."

Het is werkelijk zo, dat het angstige gevoel in haar buik weg is. Zo heeft ze ook lol in de sneeuw. Maar als Lisa de groep voorstelt, om met Bärecklift naar de top te gaan, moet Lara wel slikken. Ze wil tegenspreken.

Dan roept Lucy opgewonden: "Oh ja, Ik wou altijd al een keer helemaal naar boven. Kom op, jongens!"

Lara slikt nog een keer. Ze moet toch maar met de anderen naar boven gaan, als ze niet alleen bij Kammerkör wil blijven hangen, tot de anderen weer van de top naar beneden gekomen zijn.

Florian stoot haar aan. “Wat is er met jou? Kom je mee naar boven? Of ga je zolang iets aan de bar drinken?”

Zonder vrienden? Nee, dankjewel! Dan blijft ze liever bij de groep. Haar hart klopt onrustig, als ze naar de lange steile helling kijkt. En daar moet zij dan vanaf? In haar maag rumoert het. Stiekem kijkt ze Florian van de zijkant aan. “Durf je niet?”

Lara schudt langzaam haar hoofd, knikt vast besloten, maar kan geen woord zeggen.

“Je kunt dat echt wel, tweeling! Ik ben ook heel dicht bij je!”, belooft de jongen.

En hij doet inderdaad, wat hij beloofd heeft. Moeizaam, maar toch steeds zekerder, redt Lara de steile helling.

Judith haar moeder blijft ook in haar buurt en geeft haar moed. “En? Was het heel erg?”, vraagt ze.

“Een klein beetje maar”, geeft Lara toe. “Ik had het me erger voorgesteld.”

Lisa stelt voor, om een middagpauze te maken en ze hebben ineens allemaal honger. Ze lopen gelijk in de richting van Gasthaus Kammerkör. Ski’s af, handschoenen uit, helm af.

Lara zucht diep. Ze heeft nu echt zin in een Knödelsuppe en een groot glas karnemelk. En haar benen hebben ook dringend een beetje rust nodig.

Anna wijst uit het raam: “Kijk, het sneeuwt heel hard!”

“Dat wordt dan straks echt leuk!”, verheugt zich Daniel en wiebelt onrustig op zijn stoel. “Kom je mee, Flori?”

Maar hij wrijft met zijn handen over zijn buik en steunt: “Ik heb zoveel gegeten. Ik kom dan later, Dani!” Hij kijkt de tweeling aan. Jullie skileraar kan jullie toch niet helemaal alleen laten gaan.”

“Je hoeft niet op ons te wachten”, benadrukt Lucy cool, maar Lara mompelt: “Lief van je, Flori. Dankje!”

"Ik ben altijd lief", glimlacht de jongen. "Maar natuurlijk alleen bij zulke leuke meisjes."

Deze keer vindt hij het leuk, dat bij Lara net 'tomatentijd' is.

"Slijmerd!", spot Sandra en knipoogt naar Lara. Als de anderen maar niet merken, hoe haar het bloed naar het gezicht stijgt. Komt nu één of andere opmerking van Lucy?

"Dank je! Zelf!", grijnst Florian en kijkt uit het raam.

"Oh jee, wat een storm! Dan wachten we maar beter hier, waar het warm is, tweeling."

Buiten is het nu echt bar en boos. De kinderen worden echt traag na het heerlijke eten. Lucy gaapt en rekt zich goed uit op haar stoel.

Lara fluistert: "Ik geloof, dat ik helemaal geen zin meer heb, Lu."

Dan wordt Lucy gelijk weer wakker: "Maar La, nu wordt het pas echt leuk! Je bent lui van het eten. Dat is zo weer voorbij als je buiten in de frisse lucht bent, wedden?"

Ze stoot Florian aan: "Hé, Flori, skileraar, jij moet m'n luie zus weer wakker maken!"

Lara geeft het op. Zo gauw als het weer een beetje beter is, staan ze weer op de ski's.

Ze glijden de helling weer af. Florian skiet vooruit, Lara probeert direct achter hem in zijn spoor te blijven. Naast elkaar gaan ze op de stoeltjeslift voor acht personen af. Hij prijst haar: "Je doet het echt goed, tweeling!"

Lara straalt. Ze doet ook echt haar best. In plaats van de moeheid, komt er nu een power-gevoel voor in de plaats. Lachend geeft ze het compliment terug: "Ik heb nou één keer een goeie skileraar!"

Als ze allemaal een tweede keer naar de bergtop gaan met de lift, is Lara enthousiast. Opgewonden knuffelt ze tussen Lucy en

Florian op haar stoeltje, praat een hoop onzin en heeft zin, om baldadig de benen te laten bengelen.

“Je gloeit als een braadappel, La!”, constateert Lucy.

“Jij helemaal niet”, grinnikt Lara.

“Tuurlijk! De sneeuw reflecteert de zonnestralen ook als er wolken zijn”, weet Florian. “Jullie zullen al gauw mooi bruin zijn, meiden.”

“Net zo mooi bruin, als jullie hier in Tirol?”, straalt Lucy naar hem.

“Ach, dat is toch normaal”, doet de jongen verlegen. “Wij zijn nou één keer vaak hier boven.”

Sandra naast Lucy wijst naar het bergstation. “Daar komt een echt vette wolk. Tot we boven zijn, hebben we genoeg sneeuw. Kijk maar!”

Lara duikt in elkaar, maar Lucy stelt haar gerust: “Zo erg wordt het niet, La! We flitsen er gewoon midden doorheen, - en hop, dan zijn we al weer beneden!”

“We moeten in ieder geval dicht bij elkaar blijven, zodat we elkaar niet uit het oog verliezen”, zegt Sandra.

Als ze uit de lift stappen, sneeuwt het goed hard. Dan zijn ook Lisa, Judith en Anna achter hun.

“Wachten we het weer af of zullen we er doorheen skiën?”, vraagt Lisa in de ronde.

Ongeduldig huppelt haar dochter van de ene op de andere ski.

“Hoe lang wil je nog wachten? Nou, ik ben dan onderweg!”

“Niks daar!”, houdt Lisa haar tegen. “Het blijft zoals afgesproken: allemaal op zichtafstand bij elkaar! Bij zulk weer gaat zeker niemand vooruit!”

“Nou en? Dan gaan jullie toch allemaal mee!”, knort Judith onwillig.

“Dan ga jij gewoon met Judith en Anna”, stelt Florian voor. “Wij zijn de hekkesluiters met Lara-Lucy, of niet, Sandra?”

Ze nemen de tweeling in hun midden en stoten zich af en duiken in de dichte sneeuwwolk.

De storm zweept de dikke vlokken op hun brillen.

“Ik zie niks meer!”, schreeuwt Lara in Florians richting.

Hij brult terug: “Ik toch ook niet! Laat de ski’s gewoon glijden!”

Dan is hij al naast Lara en dirigeert haar voorzichtig in het spoor.

“Zometeen wordt het weer lichter”, vermoedt hij. Maar in plaats van lichter, wordt het mistig, hoe verder ze bergafwaarts komen, - in een dichte sluier.

“Wat rottig!”, moppert Lucy achter hun. “Waar gaan we naar toe? Ik zie de puntjes van m’n ski’s bijna niet. Dat is echt pet!”

“Naar beneden, - altijd naar beneden!”, schreeuwt Florian tegen de huilende wind in. “Blijf maar naast mij!”

“Wil ik toch ook!”, jammert Lara vertwijfeld. “M’n ski’s willen niet!”

Ze glijdt uit het spoor, komt steeds verder naar rechts, komt uit het evenwicht, ... voelt onder zich de hoge witte diepe sneeuw. De punten van de ski’s duiken erin, - Lara struikelt, - met het gezicht vooraan, - voelt de kou op haar huid en verzinkt in een sneeuwbank.

Au, - wat steekt er zo gemeen in haar schouder? Ze wil roepen, slikt sneeuw, proest en hoest.

Een moment ligt ze, zonder zich te bewegen.

“Is dat een droom?”, gaat het haar door het hoofd. Zoveel witte kou, kun je niet dromen. Dat is echt akelig. Ze moet hier uit, en wel zo snel mogelijk! Uit deze sneeuwbank, die haar gevangen houdt.

Moeizaam probeert ze, omhoog te komen, in ieder geval met haar hoofd, om te kunnen ademen...

Of ze haar voeten eruit kan trekken? Waarom zitten die rottige ski's in de weg? Bij de val is de binding van de rechter ski opengegaan. Lara probeert met alle kracht de skischoen door de sneeuwbank naar zich toe te trekken.

"Au!, Au, verdorie!", steunt ze. Die rare schouder kan ze niet bewegen.

In haar gezicht smelten de vlokken en vermengen zich met de tranen. Angsttranen? Tranen van woede? Maakt niet uit, ze wil hier uit!

"Huil nou niet, dom wicht!", snikt ze. "Stel je niet zo aan! Doe maar moeite!

Was dat Lucy's stem, of die van haarzelf? Waar is Lucy? Waar zijn de anderen?

Ze wil graag tegen de dichte sneeuwval in schreeuwen: "Lucy, Flori, Sandra! Hier ben ik toch! Hier in de diepe sneeuw!" Haar stem is net een klagend piepen in de huilende storm.

Opeens is ze alleen nog slap en verschrikkelijk moe, - wil zich gewoon in de sneeuw laten zakken, in de koude massa en dan slapen, - gewoon slapen en dromen...

"Nee! Nee, La! Wakker worden! Slapen is verboden! Ze moeten je toch vinden!"

Deze keer schijnt ze daadwerkelijk de stem van haar tweeling te horen, die haar zo vol energie wakker wil houden. Haar neus druipt, de ogen tranen onder de bril.

Ze probeert weer overeind te komen, ook haar linker voet te bevrijden. Als die pijn er nou niet was, dat zere steken, dat ze bijna niet kan ademen.

Met de allerlaatste kracht gaat ze langzaam zitten, bijt de tanden op elkaar, dwingt zichzelf rustiger te ademen. Dan roept ze zo hard als ze kan:

“Lucy! Luuuuucy! Flori! Flooooori!”

Keer op keer, tot ze een schorre stem heeft en haar stem overgaat in gesnik.

Daar! – Was dat haar naam? “Laaara! Laaara! Waar ben je?”

Ze hoort de stemmen steeds dichterbij.

“Hier!Hiiier! Luuucy,...”

Is ze dat echt nog zelf, dat klagelijke gejank?

Dan glijdt ze het donker in...

Als door een sluier ziet ze vier wijd geopende paar ogen boven zich en hoort uit de verte Lucy roepen: “Lara! La-zusje! Luister nou! Wordt wakker! Alsjeblieft, wordt wakker!”

“Ik ben toch wakker”, mompelt ze zwak. Dan vallen er dikke tranen, - bij Lara en bij Lucy.

Ze huilen allebei even hard, terwijl de andere Lara met moeite uit de sneeuw graven.

Ze steunt heftig, als ze tegen haar rechter arm aan komen.

Ontzet vraagt Lisa: “Doet het zeer, Lara? Hopelijk heb je niks gebroken.”

Snel vist ze haar mobieltje uit de jas.

“Potverdikkie!”, knort ze. “Geen ontvangst!”, Raadloos kijkt ze de kinderen aan.

Dan tovert Florian zijn mobieltje uit de zak van z’n mouw. “Hier, probeer het hier maar mee!” Opgelucht typt ze het nummer van de bergwacht in. Zo precies als mogelijk geeft ze aan, waar ze zijn. Ze kunnen nu alleen op hulp wachten. Het heeft opgehouden met sneeuwen, maar de wind loeit hierboven krachtig. Ze gaan rondom Lara zitten en beschutten haar met hun armen. Toch klappertt ze met haar tanden en ze klaagt: “Au, mijn schouder!”

“Nee, alsjeblieft niet, La! Zeg nou, dat de schouder niet zeer doet, mijn arme zus!”

Maar zeer doet zeer! Dat helpt allemaal niet! Lara wil de tanden wel op elkaar bijten, - dan beginnen ze weer te klapperen. Haar knieën bibberen – van de kou en de pijn.

„Hou nou op, stomme pijn!“, smeekt Lucy en kust Lara, haar gezicht vol tranen.

Dat helpt een beetje. Ook de zorgenrimpels bij Florian op zijn voorhoofd zijn een kleine troost voor haar. Na enkele minuten, - voor Lara een kleine eeuwigheid, - horen ze het toeten naderbij komen.

“Gelijk is alles weer goed”, vrolijkt Lisa haar op. “Daar komt de Akja (slee van de bergwacht). Die brengt je naar de gondelbaan.”

Het lijkt Lara net, alsof ze zelf toeschouwer is. Al was ze niet bij zichzelf en kon meebeleven, dat ze door sterke armen uit de sneeuw getild wordt, behoedzaam op de kussens van de slee wordt gelegd en in warme dekens gehuld wordt. Een hulpeloze baby. Dan gaan ze voorzichtig de helling af.

Eindelijk zweven ze in de rode gondel in richting dal. Iedere keer buigen de bezorgde gezichten van Lucy, Lisa, Florian en de meisjes over haar. Troostend worden haar handen gestreeld. Vandaag heeft niemand meer zin in skiën!

Bij het dalstation wordt de gondelbaan extra voor Lara gestopt. De grootouders wachten al op ze en stoppen haar héél voorzichtig in de auto. Voor de arts in het ziekenhuis in St.Johann is Lara’s verwonding ‘pure routine’. Zulke ongelukken gebeuren bijna dagelijks bij de wintersport, troost hij zijn patiënt, voordat de verwonde schouder geröntgt wordt.

Er is gelukkig niks gebroken, maar een sterke kneuzing kan helaas ook erg zeer doen, laat Lara zich vertellen. Dat merkt ze natuurlijk ook zelf! Maar natuurlijk is ze heel dapper, als ze een mooi verband krijgt en de arm in een mitella wordt gelegd.

"En nu heeft je schouder veel rust nodig, rust en nog eens rust!", bepaalt de arts. "Met skiën is het nu afgelopen, al vind ik het nog zo jammer voor je, meisje."

"Nee, dankjewel", mompelt Lara ergerlijk. "Daar heb ik sowieso geen zin meer in!"

"Dat kan ik me voorstellen", glimlacht de arts. "Maar zo gauw als je geen pijn meer hebt, denk je er vast wel weer anders over. Nou, van harte beterschap voor je en tot volgende week bij de controle."

Nadenkelijk kijkt hij de patiënt aan. "Ik moest je toch in de herfst al een keer met een verstuikte voet behandelen, niet waar?"

Oma lacht hard: "Lieve hemel! Dan zou je echt een pechvogel zijn, mijn Lara-schat!" De verwonderde doctor legt ze uit: "De verstuikte voet ziet u daar in de wachtkamer!"

Ze haalt met een handbeweging opa, Lucy en Florian erbij. De arts staat versteld: Oh, heb ik misschien een glaasje teveel gedronken, omdat ik vandaag dubbel zie? Leuk, dat de dames alles delen, - zelfs de ongelukken."

"Een tweeling komt zelden alleen", vindt opa.

"Wat? Niet skiën?", roept Lucy ontzet, als ze weer in de auto zitten en Lara bericht doet.

"Jij mag toch wel!", troost Lara haar. "Onze skileraar past ook vast wel op één tweeling op."

"Tuurlijk", verzekert de jongen. En jij bent dan toeschouwer. En natuurlijk komt de volgende winter zo zeker als het amen van de pastoor in de kerk."

“Hoezo? Zijn we dan nog steeds in Tirol?”, vraagt Lara verbaasd. “Wie weet, wie weet!”, zegt Lucy en draait met haar ogen. “Dat zou toch verschrikkelijk zijn, Flori?”

“En hoe!”, straalt Florian van de ene naar de andere tweeling.

Lara steekt haar tong uit naar haar onmogelijke zus en zegt: “Hahaha!” Maar ze wordt niet rood. Dat zou Lucy ook nog mooi vinden!

Plotseling piept oma’s mobieltje. Uitgerekend op dit moment vraagt mama met een SMS, of de kinderen nog leven. Opa lacht schaterend, als oma dat voorleest.

“Wat willen jullie aan jullie arme ouders als antwoord geven, lieverds?”, vraagt hij schijnheilig.

“De waarheid!”, zegt Lucy gelijk. “Ze komen het toch een keer te weten.”

“Maar misschien beter pas, als ze met de Pasen komen”, stelt oma voor. “Anders zit mama vanavond nog in het vliegtuig naar Salzburg. Willen jullie dat?”

Bravo, Lucy Goldmann!

Later staan de vriendinnen voor de deur. “We wilden net eens even kijken, hoe het met de patiënt gaat”, begroet Sandra de tweeling.

Lara kan intussen grapjes maken over haar eigen pech en doet uitgebreid bericht over haar onvrijwillige ontmoeting met de diepe sneeuw. De akja moest extra voor haar komen! Zo belangrijk is ze zich nog nooit voorgekomen.

Als de meisjes net afscheid nemen, blaffen ineens de honden: “Opgepast, er komt bezoek!” Florian en Daniel hebben Fabian meegenomen. Ze moeten ook geduldig naar het verhaal van Lara luisteren. De patiënt voelt zich gelijk nog een beetje belangrijker en gloeit van de opwinding. Van de grote reep chocola, die ze van Florian krijgt, genieten ze met elkaar.

“Gelukkig is het nog vakantie”, zucht Lara uitgeput. “Anders zou ik morgen moeten kijken,, hoe jullie een opstel schrijven.”

“Dan oefen maar vast met de linker hand”, stelt Fabian voor. “Anders kun je de komende twee weken niks schrijven.”

“Hé, geweldig”, straalt Lara. “Ook geen huiswerk? Dan doet het gelijk niet meer zo zeer.”

Ze kijkt van de één naar de ander. “Bedankt, dat jullie allemaal zo bezorgd om me zijn. Jullie zijn echt geweldige vrienden!”

“Dat zijn toch wij!” Daniel klopt zich op de borst. “Dat je dat nu pas merkt, tweeling!”

Lucy grinnikt: “Dat is overigens Lara. Sinds vandaag hebben we weer een heel klein verschilletje.”

En dan zijn ze alleen na de drukke dag.

Lucy rekt zich uit en gaapt intensief: Jeetje, La, dat was een gekke dag! Je mag me niet meer zo laten schrikken. Het was een pak van mijn hart, als we eindelijk je stem hoorden. Ik dacht, dat ik gek ging worden! Plotseling was je verdwenen, - gewoon weg in de dikke erwtensoep! We hebben gebruld als een gek! Beneden was je ook nergens...”

Ze schudt zich, alsof ze de herinnering kwijt wilde raken.

Lara doet voorzichtig haar linker arm om haar zus.

“In ieder geval ben ik er weer. En ik leef zelfs nog”, zegt ze zachtjes en ze moet nu ook gapen. “In ieder geval zullen we deze dag nooit vergeten, - ook niet als we honderd jaar oud zijn.”

Lucy zegt nadenkelijk: “Als Flori z’n mobieltje niet bij zich had gehad...Nou ja, ik vind Flori echt okay!”

Gauw leidt Lara af: “Ja, totaal! Dani und Fabi zijn ook okay, - zelfs als het jongens zijn. Maar nu wil ik alleen nog slapen, Lu. Maar eens zien, hoe dat gaat, met die lastige schouder.”

Maandag in de grote pauze vraagt de lerares: “Lucy, vind je het leuk om op de laatste schooldag op de Hausberg bij de slalom-skiwedstrijd mee te doen?”

Ongelovig kijkt Lucy haar aan: “Leuk vind ik het wel. Maar of ik dat kan? Wat denk je, mevrouw Brandt?”

“Natuurlijk kun je dat!”, weet de lerares zeker. “En jij Lara, jij kunt misschien duimen voor je zus. Dat lukt vast wel! Je kunt helaas niet meedoen, arme meid.”

“Hoeft voor mij ook niet”, grijnst Lara en wrijft tevreden over haar verband. Zij en een skiwedstrijd! Dat moest er ook nog bijkomen! Ze kijkt liever iedere middag op een zekere afstand, hoe haar zus de steile Hausberghelling af komt glijden. Steeds zekerder en vlotter kan Lucy langs de slalomstangen, gemotiveerd door de vrienden.

Op vrijdag rommelt het zeldzaam in Lucy’s buik. Moeten die paar uurtjes echt in slakken-tempo voorbij gaan? Om 13 uur staan de kinderen uit de vierde klas langs het traject en duimen voor de jongere kinderen. Lara vindt ze allemaal echt knap in hun strakke bont gekleurde wedstrijdskipak.

“Tof! Echt tof!”, mompelt Lara steeds weer.

Zelfs de kleinsten komen zonder enige moeite door het slalomtraject. De stem uit de luidspreker geeft goeie tijden aan.

“Ik moet geloof ik, toch maar beter gewoon alleen kijken”, zucht Lucy en kan van de opwinding bijna niet slikken.

“Dat had je zo gedacht! Jij doet mee!” – “Geen smoesjes, tweeling! En geen paniek! Is helemaal niet erg! Je bent zo beneden!”

Zonder twijfel duwen Sandra en Florian de vriendin naar de sleeplift, die haar naar de start toebrengt.

Eindelijk, na bange minuten, hoort Lara, dat Lucy’s startnummer als volgende aangekondigd wordt.

Ze houdt oma’s hand heel goed vast en krijgt er geen woord meer uit.

“Lieve, lieve God, laat haar zonder letsel naar beneden komen! Alsjeblieft!”, denkt ze vijf keer achter elkaar en duimt zo hard voor haar zus, dat de duimen zeer gaan doen.

En dan remt Lucy met zwier precies voor de leraressen, die de startnummers uit doen bij de deelnemers.

“Tweeënveertig seconden voor Lucy Goldmann, onze snelle tweeling uit Duitsland. Een goeie tijd! Goed zo, Lucy Goldmann!”, is er uit de cabine te horen.

Dan brullen Lara, oma en opa: “Goed hoor, Lucy! Goed gedaan, meid!”

Lucy neemt de helm af, waggelt met wiebelige knieën en een stralende lach op haar gezicht naar de drie toe en zegt heel cool: „Ik ben nou net niet de snelste. Maar ook niet de langzaamste. En het was leuk. Ik zou het zo nog een keer doen. Bedankt voor het duimen! Nou moet ik nog kijken, hoe snel de anderen zijn.”

“Helemaal Fabi”, grinnikt Lara. Ze is zo opgelucht en heel trots op haar geweldige Lu.

De snelste uit de klas is met 34 seconden Lukas. Zo kan Lucy ook heel blij zijn met haar goede tijd.

Winter ade.... voorjaar? Nee!

“Midden in februari wil de lente al komen?”, is opa verwonderd, als de thermometer ’s morgens al duidelijk boven nul graden komt. Het is duister en grijs boven het dal en het begint te regenen.

Omdat het zondag is, kan oma de kinderen meelokken om te gaan wandelen.

“Het lijkt al echt warm”, vindt Lara.

“Het dooit als een gek”, constateert Lucy.

“De regen doet de sneeuw niet zo goed”, vindt oma en doet de capuchon nog over haar muts heen. Gelukkig is het geen plensregen. Dat beetje miezeren maakt ons toch helemaal niks uit!”

Lucy zeurt: “Nou, dat is goed glad!”

Ze was bijna op de stoep uitgegleden en houdt zich aan oma vast. Maar op de wandelpaadjes in het bos, wordt het nu pas echt goed glad.

“Loop maar naast de paadjes”, weet oma. “De sneeuw is daar ook bevroren, maar niet zo glad.”

Lara wijst naar de waterdruppels aan de takken: “Kijk eens, hoe dat glinstert! Net allemaal kleine parels!”

Het ijs bij de bevroren waterval glinstert blauwachtig. Lucy is verwonderd, hoe dik de ijspegels zijn. Nog dikker als die bij het grote waterrad, dat bijna niet te herkennen is onder de dikke laag ijs.

“Totdat het allemaal weer ontdooid is, duurt het eeuwig.”

“Als de zon weer schijnt, moet ik het fotoapparaat meenemen. Zo’n winterwonder gelooft toch geen mens”, weegt oma af.

“Ja, het ziet er gigantisch uit, - net een kristalpaleis met heel veel zuilen”, fantaseert Lara. “Zo meteen komt de ijskoningin en tovert ons in ijs om.”

Op sommige plaatsen zinken ze diep in de sneeuw.

“Gatsie! Ik heb sneeuw in m’n laars!”, jammert Lara en laat zich er door Lucy uittrekken.

“Nou en?”, lacht die. “Je krijgt toch alleen natte sokken. Beter als op je achterste vallen. Want dan schreeuw je niet ‘gatsie’, maar ‘auaaa!”

Op één maart ligt de tweeling op de buik voor de televisie en ze kijken ‘Micky’s Clubhaus’. Plotseling hoort oma luidruchtig protest: “Waarom is de televisie uit?”

“Hela”, is ze verwonderd. “De lamp boven de afwas was net nog aan.”

Bij de computer is ineens opa te horen: “Nou krijgen we het! Hebben we een kortsluiting?”

Met de grote staaflamp gaat hij naar de kelder, maar bij de stroomkast is alles in orde.

“Dan is er vast ergens een bliksem ingeslagen”, vermoedt hij. “Het schijnt dat overal in het dorp de stroom weg is. We moeten maar afwachten.”

“Geen wonder bij dat noodweer buiten”, zegt oma. “Dan moeten we vandaag maar harde aardappels eten, als de stroom nog lang wegblijft.”

“Waarom?”, vraagt Lara, die net mopperend de keuken inkomt.

“Denk maar eens goed na, dan kom je er vast wel op, zusje”, roept Lucy. Ook zij is ontevreden. Dat leuke Micky-programma!

“Hou maar op met zeuren”, bromt opa. “Alle mensen in Waidring zitten nu zonder stroom. We moeten blij zijn, als er niet meer schade ontstaat door het onweer. Ik kan mijn koffie na het eten wel een keer missen. Het zal vast wel een poosje duren."

Helaas heeft opa gelijk.

Heel plotseling was er vanmorgen ineens dat onweer, wat al door het weerbericht in Duitsland werd aangekondigd. Alles werd door elkaar gewerveld. Zelfs de grote lege regenton! Als een grote luchtballon vloog de regenton in de rozentuin. Haastig heeft opa de ton in de serre getrokken. Daarna veegde een heftige sneeuwregenstorm door het dal, zodat de bomen gebogen werden. Midden over de langlaufloipe op de wei werd een vergeten kerstboom heen en weer gewerveld als een stuk papier.

De meisjes staren ongelovig naar het wilde weer.

Oma rilt. "Zo'n erge orkaan hebben we in dit beschutte dal nog niet beleefd!"

"En een stroomuitval al helemaal niet", denkt opa na.

"Ze wisten wel waarom ze vandaag de gondels niet naar boven hebben gestuurd", zegt Lucy.

"Bij zulk weer moet het op de bergen verschrikkelijk zijn."

Anderhalf uur blijft de stroom weg. Ze kauwen halfzachte aardappels en bijna gare groente. "Tenminste de vis is zacht en echt lekker!", prijst opa.

Geboeid kijken ze uit het raam op de steeds dichter wordende vlokken.

"Of die nog blijven liggen?", vraagt Lara.

Opa antwoordt, nadat hij op de thermometer gekeken heeft: "Vast wel. Het is duidelijk kouder geworden."

Net als de stroom komt, komt ook de zon. Baldadig schijnen de eerste stralen door de grijze wolken. Nu trekt de storm de wolken verder uit elkaar en stukjes blauwe hemel worden zichtbaar.

“April, april!”, lacht oma. “Ook al is het pas maart. Het wordt tijd, dat de lente merkt, dat we al wachten. Vier maanden bijna altijd sneeuw is toch genoeg.”

Maar de lente merkt het nog niet. Waarschijnlijk duurt het nog tot de officieële lente in de kalender. Half maart begint de sneeuw onder de warme zonnestralen precies op tijd te smelten.

Op de velden komen er ineens gele vlekken in al het wit. Die worden iedere dag groter, tot alleen nog het spoor van de langlaufloipe door de wei kronkelt. Al gauw glanzen de sneeuwvelden op de bergen boven het steeds groener wordende Pillerseetal.

Oma ontdekt bij de beek de eerste blauwe leverbloempjes en gele kleine kopjes van kleine hoefbladen en al gauw ook kleine gele weidebloemetjes en de witte bloemen van de sneeuwrozen.

In de beek is nu iedere dag meer water.

“Dat ruist goed!”, zegt Lara. Ze houdt meer van de heldere beek met de kleine golfjes, als van deze geelbruine stroom, die dagelijks wilder wordt.

“Wat daar allemaal in het water drijft!”, is Lucy verbaasd.

“Hier vind je al gauw de mooiste stukken hout, om te verzamelen!”, lacht oma. “Zo gauw als het niet meer regent, gaan we zoeken. Dat terrein met kiezelstenen heet hier namelijk ‘Schwemmgebiet’. In het voorjaar wordt door het smeltwater van de sneeuw de beek hier net een meer. Daar worden dan echte schatten aangedreven! Af en toe drijven zelfs hele sparren in het water.”

“Nou mooi! Dan slepen we voor opa een hele dikke mee naar huis om te stoken”, grapt Lucy.

Net als de lente begint, is het dal weer wit. Dat kennen de bewoners van Waidring.

“De winter geeft nog lang niet op”, zegt timmerman Georg, die net even bij opa langs komt. Hij wrijft over z’n dichte grijze baart en lacht vermaakt naar de meisjes:

“Daar heb je geduld voor nodig, Edertaler tweeling!”

“Jij als echt Tiroler oergesteente, lieve Schorsch, jij moet het toch wel weten wat betreft de winter hier in de bergen”, gniffelt opa.

“Ja, ja!”, zegt Schorsch met een knipoog. “We zijn het ook niet anders gewend hier in het Pillerseetal. Maar als de lente komt, dan gelijk goed. Dat is zo zeker als het amen in de kerk.”

Op Palmzondag draagt de tweeling net als alle andere kinderen in Waidring een palmbos om te laten wijden naar de kerk, - als herinnering aan de intocht van Jezus in Jeruzalem. Als ze de gewijde takken naar huis dragen, vindt Lucy nadenkelijk: “Die zijn echt mooi groen! Nou krijg ik nog meer zin in de lente.”

Op Witte Donderdag zegt opa: “Witte donderdag klopt wel aardig. Ik ben bang, dat jullie de paaseieren in de sneeuw moeten zoeken, mijn haasjes! Als de paashaas maar niet ingesneeuwd raakt daar boven in z’n nest in het bos!”

In het laatste schooluur voor de vakantie gaan alle schoolkinderen naar de Paasgodsdienst.

Als ze het ‘onze vader’ bidden, spreekt Lara na het ‘Amen’ nog snel even twee belangrijke gebeden:

Ten eerste mag mama met zekerheid niet ziek worden. Ten tweede moet die fijne sneeuw op zijn minst tot Paasmaandag blijven liggen.

Mama en papa en natuurlijk ook heel veel paasvakantiegangers, verheugen zich, omdat tijdens de feestdagen zelfs de liften op de Hausberg geopend zijn. Op Paaszondag gaat de tweeling met de ouders naar de Steinplatte om te skiën. Gelukkig kan Lara haar rechter schouder weer bijna normaal bewegen. Maar ze skiet wel heel voorzichtig. Dat valt mama ook op. Lara moet dan toch maar vertellen over haar skiongeluk, - maar ze vertelt wel zo nonchelant mogelijk, terwijl ze bij de Möseralm een pauze in de zon houden en appelsap met mineraalwater drinken.

"Jullie twee wilde meiden kunnen we ook niet alleen laten in Tirol!", vindt papa. "De één heeft krukken nodig, de andere een mitella. We moeten onze kinderen maar meenemen naar Londen. Daar zijn tenminste geen bergen voor zulke domheden. Wat vind jij, mama?"

"Nee, nee! We passen ook héél goed op!", belooft de tweeling. "In Waidring hebben we het vast veel beter, als in Engeland."

Als de ouders op zondag na Pasen weer weggaan, is de lente er ineens.

"Jullie kunnen vandaag het fietsseizoen openen", stelt opa voor.

's Middags trappen ze erop los, langs de kampeerplaats. Bij de schuilhut bewonderen ze de bronzen adelaar op zijn steen. Als ze langs het bedrijfsterrein van de grote meubelmakers-zaak Kienpointner fietsen, bedenkt Lucy: "Heten hier alle belangrijke mensen 'Kienpointner'? Opa heeft gezegd, dat de burgemeester ook zo heet, klopt dat?" "Ja, ik geloof wel, dat het klopt", knikt Lara. Dan fietsen ze langs de oude weg naar Strub en een stuk verder richting Lofer. Overal zitten mensen in de tuin en houden het gezicht in de zon. De tweeling doet de jas uit en fietsen in t-shirt.

"Is hier nergens een bankje?", zoekend kijkt Lara om zich heen. Dan vindt ze er één, - maar helaas in de schaduw.

Lucy moppert: "Hier is nog zoveel sneeuw. Daar heb je laarzen voor nodig." Met haar gymschoenen stapt ze op de tenen door de natte sneeuw en gaat op de bank zitten.

Lara legt de bontgekleurde kinderdeken naast haar uit en tovert de boxen met wat te eten uit de rugzak tevoorschijn. "Wow!", verheugt zich Lucy. "Zelfs aardbeien! Die zijn helemaal ijzig!"

Dan hebben ze nog rijstwafels, stukjes banaan en kleine blokjes kaas. Lara heeft zelfs aan tandenstokers, om het fruit aan te prikken, gedacht – en aan serviëtten. En aan sinaasappelsap in kleine flesjes. Nadat ze alles hebben opgegeten, zucht Lara tevreden: "Ach Lu, het voorjaar is zo mooi!"

"Maar een tweeling is nog beter!", Lucy werfelt met haar hand door Lara's haar.

"Bedankt voor het heerlijke eten, zusje."

"Dus is eigenlijk een tweelingsfietstocht met voorjaarspicknick het allebeste!", is Lara blij en omarmt Lucy. Volgegeten en tevreden kijkt ze om zich heen. "Hé, kijk eens daar bij die rots, Lu! Van hier uit herken je de slurf van de olifant veel beter. We zijn hier in Strub natuurlijk ook dichter in de buurt."

"Oh ja!", stemt Lucy toe. "Op zijn kop heeft de olifant een wit kanten dekentje. Zo zien olifanten in Indië er uit, als ze versierd zijn. Natuurlijk zonder sneeuwmuts!"

Voor de achtergrond met de Berchtesgadner Alpenkette is de zeldzaam gevormde neus goed te zien: Het profiel van de olifantendame op z'n zondags.

Twee dagen later is 1 april.

"Happy birthday, La!", fluistert Lucy haar zus in het oor, als ze precies om zes uur wakker wordt.

"Wat is er....?", bromt Lara in haar kussen. Dan is ze in één keer klaarwakker en zit rechtop in haar bed.

"Happy birthday, Lu!" Onstuimig omarmt ze haar zus. Om half zeven staan de jarige kinderen in hun mooiste jurk met net gevlochten vlechten bij de keukendeur. Oma feliciteert lachend:

“Bijzonder hartelijk gefeliciteerd met jullie twintigste verjaardag, lieverds!”

Nog voor het ontbijt mogen ze de cadeautjes uitpakken, die al klaar staan op de tafel in de woonkamer, - naast een bontgekleurde bos veldbloemen en een goed uitziende taart waar met suiker opgeschreven is ‘LA-LU’ een chocolade ‘10’ voor Lara en een marsepein ‘10’ voor Lucy.

Mama en papa hebben een grappige mail uit Londen gestuurd.

Ook uit Edertal is er verjaardagspost gekomen. Van Ann-Cathrin, Anna-Lena, Angelika, Lea en Tom. Zelfs mevrouw Will heeft een gekleurde verjaardagskaart gestuurd. Afwisselend leest de tweeling hardop voor.

“Jammer, dat juist vandaag vakantie is!”, peinst Lucy.

“Wat hoor ik daar? Wat is dat? Heb ik dat wel goed gehoord?”, is opa verwonderd.

“Tuurlijk, jij wou onze eerste nul graag op school vieren, of niet?”, vermoedt Lara. “Maar ik vindt het toch zo ook wel leuk met oma en opa gezellig ontbijten voor onze verjaardag, zonder op de klok te hoeven kijken.”

Lucy moet lachen: “Klopt, La! Ik verheug me in ieder geval al op het grote feest vanmiddag, als de halve klas komt om mee te vieren.”

Al tijdens het ontbijt worden oma en opa al voor de gek gehouden vanwege 1 april. Plotseling roept opa geschrokken: “Ach jeetje, moet je eens kijken hoe het sneeuwt!”

De tweeling lacht ze uit: “Één april, opa! We trappen er niet in. Dat is te makkelijk!”

“Helaas geen één april! Kijk maar eens naar buiten!”, zegt oma.

“Ik word niet goed!”, steunt Lucy. “Al weer sneeuw! Dan is het vandaag niks met fietsen.”

Het is de hele week niks met fietsen.

“Zo makkelijk laat zich de winter niet wegjagen!”, constateert opa.

Twee dagen en twee nachten houdt het niet meer op met sneeuwen.

Oma neuriet: “Leise rieselt der Schnee... Ach kinderen, zulke dikke vlokken waren er met de Kerst niet.“

Lara wil dat gelijk aan haar vrienden in Edertal schrijven. En dat ze het ook echt geloven, print opa nog een paar foto’s uit: Lara-Lucy in de tuin voor de sneeuwbedekte sparren, - natuurlijk in een skipak, zodat het er nog echter uitziet.

“Ik wil, dat eindelijk de lente komt!”, zeurt Lara. “Ik heb genoeg van die stomme winter!”

“Ja”, zegt oma. “Meer dan vijf maanden bijna constant wit. Dat is bijna een half jaar. Ik heb er ook genoeg van, voortdurend in de dikke laarzen rondlopen. Ik wil weer bontgekleurde velden en lekker bruin worden in de zon.”

Opa glimlacht: “Moet ik misschien een goed woord voor je doen bij de winter? Anders wacht de winter misschien op de zomer.”

“Als bij de beek de gele dotterbloemen al bloeien en andere planten ook al door de sneeuw-resten groeien, moet die koude winter toch een keer verdwijnen!”, vindt oma.

“Je hebt de lila sneeuwheide vergeten, oma!”, spot de tweeling.

“Als ik jullie slimmerds niet had!”, lacht oma. “Overigens heb ik net het eerste witte leverbloempje in het bos gezien...”

Regenboogforellen en Tatzi

De lente duurt maar een paar dagen. Het regent en regent en het houdt helemaal niet meer op.

“Ik heb intussen een tic van de regen!”, moppert Lucy. “Ik wil eindelijk weer korte broeken aandoen en kunnen fietsen.”

“Dat komt vast al gauw, Lara-Lucy!”, troost de lerares haar ongeduldige tweeling.

En daadwerkelijk! Plotseling is de zomer er al, - nog midden in mei. Uit een wolkenloze blauwe hemel straalt de zon zo hard het kan. De velden zijn ineens bont gekleurd en ruiken heerlijk zoet. In het bos glinsteren heel teder de jonge blaadjes van de beukenbomen. Alleen de bergtoppen glanzen nog steeds in spierwit.

“Eindelijk mogen de geraniums naar buiten naar het balkon”, verheugt zich oma. “Eens kijken, wie van jullie de eerste bloem kan ontdekken.”

Na meer dan een week alleen maar zon,, vindt opa: “Nou is er dringend regen nodig. De grond is veel te droog.”

De tweeling is verontwaardigd: “Dat had je gedacht, opa! Het mag regenen, als Pinksteren geweest is. Mama en papa verheugen zich nu toch ook al op het geweldige weer hier in Tirol.”

Extra voor papa en mama is het weer met de Pinksteren ideaal.

Op school was er in de laatste weken heel wat te doen. De leraren hadden het plan om een CD te maken van de alledaagse dag op school met de schoolkinderen uit Waidring.

Dus werd er in alle vier klassen goed geoefend, zodat de kinderen de kant- en klare CD tot moederdag als cadeau mee naar huis konden nemen.

“Het past allemaal precies, want moederdag valt dit jaar net op de zondag van Pinksteren, als mama hier is”, verheugt zich Lara.

“Anders zouden we onze CD naar Londen moeten sturen”, zegt Lucy.

Mama is natuurlijk helemaal onder de indruk van het buitengewone moederdagscadeau van haar tweeling.

“Ik ben bang, dat jullie straks helemaal niet terug willen naar Edertal, als jullie hier in Waidring zulke leuke dingen doen.”

“Jullie kunnen toch naar ons in Tirol komen, Engelanders!”, stelt Lara voor. “Jullie passen vast ook nog wel in het huis van oma en opa.”

Papa grijnst: “Geen slecht idee, lieverd, maar helaas...”

“Wat zouden jullie vrienden in Edertal daarvan zeggen?”, onderbreekt mama. “Die zouden vast heel teleurgesteld zijn. Die wachten al zo lang op jullie.”

“Pech gehad!”, zegt Lucy. Tot augustus moeten ze in ieder geval nog wachten. Ik wil in ieder geval zo lang hier blijven, totdat de zomervakantie afgelopen is. Jij ook, La?” – “Logisch!”, knikt Lara.

Mama lacht: “Bedoel je de vakantie van Hessen of die van Tirol?”

“Je bent gemeen, mama!”, moppert Lucy, want oma had uitgelegd, dat ze dit keer een vrij korte zomervakantie zouden hebben. Al begin augustus begint in Edertal de school al weer.

In Waidring is de laatste schooldag pas half juli.

“Maar drie weken vakantie voor onze arme kinderen”, rekent papa uit. “Jullie moeten maar beter hier in Tirol blijven, of niet, oma?”

“Dat is eigenlijk wel waar. Ze zijn intussen voor de helft al kinderen uit Waidring, onze meisjes!” Trots omarmt oma haar twee Tiroolse kleindochters.

“Onzin!”, zegt mama. “Één jaar zonder de kinderen is genoeg! Nou wil ik m’n tweeling eindelijk terug hebben!”

“Jullie krijgen ons maar onder één voorwaarde weer terug: we mogen in alle vakanties hier in Waidring zijn!”, bestemt Lucy vastbesloten.

“Beloofd, donders!”, is papa geamuseerd. “Als jullie niet al lang veel te druk worden voor oma en opa.”

“Zeker niet!”, zegt opa. – “Geen beetje!”, zegt oma. “In tegendeel! Ik hoop, dat die weken tot begin augustus niet al te snel om gaan.”

Natuurlijk gaat de tijd zelfs nog sneller dan snel, of ze nou ’s morgens op school zijn of ’s middags thuis. Helaas is het weer voor het leren en voor huiswerk veel te mooi.

Lucy steunt bijna iedere dag bij het huiswerk: “Waarom zijn die leraren er toch zo gek op, dat wij straks zo’n stom rapport moeten krijgen. Is toch zonde van de tijd!”

“En ook zonde van het papier!”, vindt Lara.

Maar de lerares kent geen pardon. Ze wil natuurlijk het liefst al haar schoolkinderen met goede cijfers naar St.Johann naar school sturen in de herfst.

“We willen toch hier niet afgaan, kinderen!”, vermaant ze de kinderen en die doen nog eens extra veel moeite voor de eindsprint. Ook al zijn ze in gedachten al in het zwembad of aan het wandelen.

Gelukkig komt er al gauw weer een vrije schooldag.

“Jippiiee! Geen school”, jubelt Lucy. Ze verheugt zich op het meertje bij het zwembad. Maar eerst komt er rotweer tussen, want het weer is dagenlang vochtig en koud. En ten tweede is er niet eens tijd om te gaan zwemmen.

Op de Sacramentsdag is er namelijk een stoet ter ere van Jezus en de Heilige Maagd Maria, waar alle katholieken aan mee doen. Deze stoet leidt direct langs het huis van de grootouders. Net als veel andere bewoners van Waidring, hangt ook opa de Tiroolse vlag over het balkon voor deze belangrijke feestdag.

“Mogen we meegaan, oma?”, vraagt Lara, want de koordames marcheren niet alleen in de stoet mee, maar zingen ook nog bij iedere halte, waar iedereen blijft staan.

“Als jullie je mooie Dirndl-jurken aandoen, heeft er vast niemand iets op tegen”, vermoedt oma.

Zo gaat dus de tweeling, aangekleed als Tiroolse meisjes, op de maat van de muziek van het muziekkorps uit Waidring netjes naast oma mee, - midden tussen de koordames.

Die zijn ook erg mooi aangekleed in hun lange bontgekleurde Dirndl-jurken voor feestdagen en hebben vrolijke gezichten. Als de lange stoet eindelijk weer bij het kerkhof aangekomen is en de pastoor de laatste zegen gegeven heeft, zucht Lucy: “Mooi zo achter Jezus en de Heilige Maagd Maria aanlopen, maar mijn buik knort al.”

“Niet alleen bij jou!”, lachen Lara en oma.

Uit de richting van het dorpsplein waait een heerlijke geur. Oma houdt haar neus goed in de lucht: “Dat ruikt naar iets lekkers. Kom kinderen, we gaan achter onze neus aan!”

Naast de dorpsbron zijn lange tafels opgesteld, zelfs met een dak tegen de regen er over heen.

Oma’s koordames wuiven al uitnodigend. “Kom er maar bij zitten, jullie drie!”

“Wie zo netjes meemarcheert, moet ook iets lekkers eten.”

Oma neemt haar mobieltje uit haar tas om opa op te bellen. Dan klopt er al iemand op haar schouder.

“Hebben de mooie dames nog een plaatsje voor een bijna verhongerde oude man vrij?”

Opa haalt de camera tevoorschijn voor een sterfoto van zijn drie dames in de Tiroolse kleding.

"Kunnen we gaan spelen?", vraagt de tweeling. Ze hebben zich helemaal vol gegeten en hebben geen zin meer om stil te zitten.

Sandra en Alissa zwaaien al: "Gaan jullie mee naar de speelplaats, Lara-Lucy?"

Daar achter de school ontmoeten ze de halve klas.

"Wow, wat zijn wij vandaag allemaal mooi aangekleed!", grijnst Lucy en plukt bij Fabian aan de mooie geborduurde bretels.

"Tja, wij zijn nou één keer nette mensen!", lacht hij. "Oppassen, dat jullie niet smerig worden, schone meisjes! Ik had jullie bijna niet gekend, - zo mooi als jullie vandaag zijn."

"Wat ben jij een slijmbal!", vindt Florian. "Ik zou liever mijn spijkerbroek aan hebben, als dit nette pak voor deze feestdag. Ik voel me gewoon opgesloten in dat spul."

Maar ondanks de nette kleren, hebben ze een boel lol samen. De tweeling wil helemaal niet naar huis, als opa later op de middag aangeeft, dat ze naar huis gaan.

'S Avonds gaan ze met oma mee wandelen naar de beek. Ze hebben nog zin om stenen te zoeken. Met de honden klauteren ze op de hoge grintbergen en glijden er dan gillend weer vanaf. Dat is een lol!

"Hé tweeling!" De jongens van de Achenweg en hun vriend Stefan trekken een bolderkar achter zich aan, beladen met hout en zakken. "Straks maken we een kampvuur", zegt de grote Walter. "Hebben jullie zin in barbecue?"

"Oh ja! Mogen we meedoen, oma?", roept Lucy.

"Ik weet het niet...", denkt oma na. "Als jullie je dan zeer doen? Trouwens, - hoe krijgen we nou zo snel iets om te eten?"

“Ach, we hebben genoeg te eten, - dat is ook nog meer dan genoeg voor twee meisjes meer”, verklaart Daniel. “En als er iets aanbrandt, dan is er genoeg water in de buurt om te blussen.”

IJverig slepen ze dikke stenen bij elkaar om een cirkel te maken. Daniel stapelt houtbrokken op elkaar en Stefan stopt er krantepapier tussen. Ook aan een aansteker heeft Walter gedacht: “Weet je, we hebben wel vaker een kampvuur hier bij het water. Als je ’s middags honderd keer bij de waterval naar beneden gesprongen bent, heb je daarna honger als een beer.”

Al gauw zijn er eerste vlammetjes te zien, die zich door het papier vreten.

“Jippiiee, nou wordt het gezellig warm”, verheugt zich Lucy en gaat voor de stenen op de grond zitten. “Zoiets hebben we nog gemist, of niet La?”

“Ik vind kampvuur heerlijk!” Lara gaat naast haar zus ook op de grond zitten. Het ruikt al gauw verlokkelijk.

“Hier smaken de worstjes duidelijk beter als thuis op die ‘hele gewone’ barbecue”, constateert de tweeling en ze bijten genietend in het heerlijke vlees.

“Tja, dat hebben wij toch ook gemaakt!”, lacht Stefan trots.

“Jullie moeten dan eens onze forellen proberen!”, vindt Walter.

Zijn broer echoot: “Onze forellen, - vers gevangen natuurlijk.”

“Jullie willen ons zeker voor de gek houden?”, vraagt Lucy ongelovig. “Jullie hebben nog niet eens een visbewijs!”

“Hebben we wel! Kun je onze vader vragen”, troeft Daniel. Walter stelt voor: “Als jullie dat niet willen geloven, kunnen we er morgen gelijk een paar in de Ache vangen.”

“Goed idee!”, vindt Lara. Ze weet, dat haar grootouders ontzettend graag verse forellen eten.

En prompt staan de volgende avond tegen een uur of acht de jongens voor de deur en zwaaien trots met een plastik zak met twee prachtige vissen erin.

“Kijk! Het zijn regenboogforellen! Die hebben we net in de Ache gevangen. Die willen helaas niet vroeger aanbijten, die rotbeesten.”

Oma en opa kijken verbaasd op, als ze de prachtige vissen zien.

“Dat is nou eens een echte verrassing, bengels!”, lacht opa. “Dan mag ik eindelijk weer eens forellen slachten.”

“Zullen wij dat doen?”, biedt Walter aan, maar opa meent: “Ik denk, dat ik het nog niet verleerd heb. Nou, dat wordt morgen een feestmaal!”

“Zullen we weer eens een vis voor jullie vangen?”, vraagt Daniel.

“Dat mag altijd!”, prijst oma. “Verse vis is, zoals bekend, erg gezond. Is goed, dat we zulke goeie vissers toevallig hebben leren kennen.”

“Ik ken jullie nog van vorig jaar zomer”, kan zich Walter herinneren. “Ik heb jullie zelfs al vaker in de armen genomen.”

“Jij? Hoezo? Waar?” De tweeling staren hem verwonderd aan.

“Hij is namelijk Tatzi”, legt Daniel uit. “Die bij de Spielenacht.”

“Jij bent Tatzi?” Nou is oma verbluft. “Het leuke aardige geluksdraakje. Kijk nou eens aan! Nou, ik denk niet dat we je zo hadden kunnen herkennen, Tatzi!”

“Overigens, je doet het als Tatzi heel goed! Eerlijk!”, zegt de tweeling bewonderend.

“Ja ja”, lacht Walter trots. “In dat warme spul moet je alleen zo zweten, helemaal in de zomer. Maar goed, het is wel altijd leuk, omdat sowieso niemand je kent in de verkleding, als je dan eens een lolletje maakt. Maar het leukste is altijd op duiveltjesdag met de maskers. “

“Hoezo? Ben jij ook één van die enge monsters?” Lara staart Walter ontzet aan.

“Ben je niet pas veertien?”, vraagt Lucy verwonderd.

“Tuurlijk! Waarom niet?” Walter strekt zich trots uit.

“Willen jullie het vel en de maskers bekijken? Ga maar even mee!”

Lara bedankt zich voor de uitnodiging, gaat dan toch even later achter haar nieuwsgierige oma en zus aan.

“Uh, dat masker ziet er echt gruwelijk uit, zelfs overdag!”

Oma bibbert. Sonny blaft naar de in het rond springende Walter met zijn masker. Balu trekt z’n staart in en knort angstig.

“Logisch, dat we daar in het donker bang voor zijn”, vindt Lucy.

“Maar nou ik weet, wie er in zit, ben ik al een beetje minder bang op 5 december.”

“Dan komen we misschien op 6 december, als we van huis tot huis lopen, ook naar jullie toe, om jullie opa een keer te laten schrikken”, grijnst Walter en zwaait met zijn masker. “Dan mogen jullie als dank ook iets lekkers te drinken voor ons inschenken!”

“Dat doen we graag, Tatzi-duivel! We verheugen ons al!”, lacht oma.

Tirol

Op naar Innsbruck

“Gemeen!”, moppert Lucy. In Edertal hadden we echt een klassenreis gemaakt in de vierde klas. Naar Licherode in een soort jeugdherberg met vier overnachtingen en een nachtwandeling en zo...”

Oma stelt haar gerust: “Je kunt nou één keer niet alles hebben, mijn lieve kind. Hier hebben jullie een daguitstapje naar Innsbruck. Dat is toch geen reden om te mopperen?”

Lara grijnst: “Ik mopper helemaal niet, lieve oma. Ik verheug me toch al zo op de reis naar Innsbruck. Maar mijn Lu-zus, het mopperdier, heeft geen zin.”

“Tuurlijk heb ik! Met overnachtingen zou het nou één keer nog beter zijn, wedden?”

“Weddenschap gewonnen”, zegt oma. “Alhoewel het dan ook gelijk een stuk duurder zou zijn, lieverd. En dat dan gelijk voor twee kinderen!”

Dat ziet Lucy wel in. “Nou goed, dan ‘Op naar Innsbruck’!”

De hemel is grijs, als de laatste woensdag voor de zomervakantie de kinderen van de vierde klas als een zwerm bijen om half acht instappen in de bus, die ze naar de Tiroolse hoofdstad brengt.

Ruim tien uur later klimt een héle moeie bende kinderen weer uit de bus.

“En hoe was het in Innsbruck, kinderen?”, wil de lerares bij het afscheid weten. De antwoorden komen na deze lange vermoeiende dag een beetje traag.

Alleen Lucy kraait enthousiast: “Geweldig was het! Echt super! Bedankt voor deze geweldige klassendag!”

Lachend omarmen de twee leraressen de tweeling: “Fijn, als jullie het leuk vonden, Lara-Lucy!”

Direct na het avondeten valt de tweeling in bed en ze slapen in diepe rust.

Om half zeven zit Lara ineens rechtop in bed. Haar dagboek! Ze was gisteren veel te moe, om nog te schrijven. Ze wrijft gauw de slaap uit de ogen en pakt een pen. Hopelijk vergeet ze niks belangrijks van de vele indrukken uit de grote stad.

Oma en opa vinden het later leuk om te lezen: "We zijn naar Innsbruck gereden, de hele klas; alleen Johanna was ziek! Wat zonde!

Heb in de bus naast Flo gezeten, Lu naast Fabi. Eerst zijn we bij de Schwarzmanderkirche geweest, toen heeft mevrouw B ons naar boven gejaagd op de stadtoren, wat een klim! Voor het 'goldene Dachl' dan een klassefoto! In het musuem was het geweldig: We konden ons verkleden, zoals de voorname mensen in de tijd van keizer Maximilian. Marcel, Manuel en Martin mochten eerst uitzoeken, omdat hun naam ook met MA begint! Wij waren prinsen en prinsessinnen, ridders, hertogen en fijne dames. Door de Hofburg moesten we doorheen lopen en oude schilderijen bekijken. Echt saai! Middageten in Wienerwald! Lekker!

Met de Hungerburgbahn naar de Alpenzoo. Hele lieve bergdieren, we konden er zelfs een paar aaien. (Dat vond ik het leukst en Lu ook.) Op de terugweg in slaap gevallen. Flo moest me in Erpfendorf wekken. (Was tegen hem aangegleden! Wat pijnlijk! Ze moesten allemaal een beetje grijnzen, - idioten!!! Tomatentijd, helaas zoals altijd.) Flo vond het wel prima, dat ik zo moe was. (Flo is super! Innsbruck is eigenlijk super, maar te groot. Waidring is mooier!!!)

"Dat hoop ik ook!", gniffelt opa na oma's voorlezen. "Nou, dan hebben onze twee nog een reden meer, om zich hier thuis te voelen."

“Ze worden langzaam volwassen, onze lieve tweelingmeisjes”, constateert oma.

“Ik verheug me dit keer geen beetje op de zomervakantie”, bromt Lucy.

“Ik wel, maar niet op onze laatste schooldag in Waidring”, denkt Lara na. “Ik wil het me gewoon helemaal niet voorstellen: We kunnen hier nooit meer in de vierde klas zijn. Dat is zo gemeen!”

“Dat zouden jullie in Edertal ook niet kunnen”, bemoeit nu ook oma zich ermee. “Daar zijn jullie na de zomervakantie ook de nieuwe vijfdeklassers. Daar hebben jullie nog niet aan gedacht, of wel?”

“Nee, werkelijk niet”, zucht Lara. “En toch ben ik in Waidring veel droeviger als in Edertal.”

Ze hebben als afscheid en dank aan de lerares een mooie bloemenplaat gemaakt.

Lara zoekt haar allerliefste lievelingssteen en Lucy een extra grappig uitziend houtstuk. Deze drie cadeaus pakken ze in in folie en leggen ze voor de les al bij de lerares op de tafel.

“Jullie zijn zo lief, jullie twee meisjes!” Mevrouw Brandt is aangedaan.

“Het is mooi, dat jullie zo lang hier zijn geweest. Ik zou het leuk vinden, als jullie ons weer komen opzoeken.”

Nadat alle rapporten verdeeld zijn en alle kinderen lof hebben gekregen voor de vier succesvolle jaren in de lagere school, komt het tijdpunt van het afscheid. Niet alleen een paar meisjes hebben tranen in de ogen.

“Jullie moeten ons regelmatig schrijven, okay, Lara-Lucy?”, vraagt Remona.

“In oktober zijn we weer hier, als in Hessen herfstvakantie is”, belooft Lucy. “Dan moeten jullie allemaal bij ons komen.”

De lerares vermaakt zich: "Weet jullie oma al van haar geluk, tweeling? Die moeten jullie toch maar eerst vragen voor het superfeest!"

In de eerste vakantieweken, - de laatste drie zomerweken in Waidring, - zien ze elkaar bijna iedere dag. Ze gaan zwemmen, joggen, wandelen, peddelen en veel fietsen.

Het Waidringer brandweerfeest wordt gelijk het afscheidsfeest na dit heerlijk lange jaar. Aan de andere kant van de beek is op het veld bij de Hackenschmiede een tent opgezet. Naast de moderne hut, waar op staat 'Schnaps-und-Sangria-Bar' en de gezellige oudere blokhut, waar wijn te krijgen is. Tot laat op de avond huppelen ze voor het podium rond, spelen tussen de hoge sparren verstoppertje en zitten aan de rand van het water bij de beek. Ze gooien stenen in het water en luisteren naar de vlotte Alpenmusik.

Bij de grote optocht op zondag staan ze langs de straat en zwaaien naar Florian. Hij marcheert trots naast de mannen van de vrijwillige brandweer van Waidring. Zijn vader draagt de zware met bonte kleuren geborduurde vlag vooruit.

"Hij ziet er geweldig uit!", stoot Lucy haar zus aan.

Lara krimpt ineen. "Wie? Wat?", stottert ze en ze wordt vuurrood.

"Nou, de vader van Flori, natuurlijk! Wat dacht jij dan?", grinnikt Lucy overmoedig en kijkt uit, of niet ook Fabian in de optocht meeloopt.

Dan komen ook de andere brandweerverenigingen uit Tirol langslopen, allemaal in de typische bruine uniformen. Als er een groep in blauw langs marcheert, legt opa uit: "Die komen uit Traunstein. In Duitsland draagt de brandweer andere kleuren dan hier."

In de derde week komen papa en mama. Verheugen jullie je niet? Jullie zien er echt niet bepaald vrolijk uit, jullie twee."

"Jawel, toch wel, ... maar...," stottert de tweeling en probeert er wel vrolijk uit te zien.

"Ze vinden het natuurlijk best fijn, dat jullie er zijn", legt oma uit aan de ouders. "Maar ze hebben nou eenmaal niet zoveel zin om naar Edertal terug te gaan, klopt het, Lara-Lucy?"

"J...ein", zegt Lucy dipomatiek. "Zoveel zin nou ook weer niet..."

"We komen toch al gauw weer terug", troost Lara haar zus en omarmt nu toch tevreden haar ouders.

Eindelijk is het zaterdagavond. Papa wil vroegtijdig wegrijden op zondagmorgen, zolang de snelwegen hopelijk nog een beetje leeg zijn.

"Dan gaan we maar het beste vroeg naar bed", stellen de meisjes voor en daadwerkelijk zijn ze al verdwenen als het donker wordt. Als mama later nog aan de deur luistert, is alles rustig en vredig.

Dat is ook geen wonder, want alleen haas Felix en pinguin Bobo liggen rustig in bed. Het raam is niet helemaal dicht...

Stil, heel stil, zodat de honden niet beginnen te blaffen, zijn de kinderen uit het raam geklommen en als twee schaduwen in het donker verdwenen. Ze sluipen over het gras, klimmen langs de muur naar beneden en lopen de weg naar de Hausberg in. Na de laatste huizen, waar het water in de bron kabbelt, gaan ze op de hurken op één van de rode banken zitten.

"Weet je nog, Lu? Op de eerste avond hebben we ook hier gezeten", fluister Lara.

"Hmmm", bromt Lucy. "Het is een halve eeuw geleden."

Het is hier zo stil boven de lichten van het dorp. Eigenlijk wel een beetje eng.

Lara krimpt in elkaar. De kerkklok. Tien keer slaat de klok, langzaam en eentonig, boem-boem-boem.

“Wees stil!”, fluister Lucy, alhoewel Lara niks van zich laat horen. Ingespannen luisteren ze in het donker naar het kloppen van hun hart. Daar, een heel zacht fluiten, fluisteren, zacht gegrinnik...

Dan zijn ze al in het veld te zien: Eerst Sandra, Milena, Alissa, Anna, Julia, - een stukje achter hun de jongens.

“Maak nou niet veel lawaai, idioten!”, maant Sandra, als iedereen met veel geluid begroet wordt en Alex zelfs met de zaklamp speelt. “Doe je licht uit, gek! Of wil je de politie zo hier hebben?”

Ze gaan dicht bij elkaar op de bank zitten en pakken de voorraden aan lekkere dingen uit.

Ze kauwen en kletsen er op los, - zachtjes, een beetje stiekem, - net als dieven die net vluchten.

“Het was niet zo eenvoudig om weg te komen thuis”, bromt Daniel.

“Voor mij was het echt makkelijk”, vindt Florian. “Mijn ouders zijn in de Pfarrsaal om te oefenen voor theater voor een nieuw stuk. Die komen voor half elf niet naar huis, - gelukkig!”

“Hallo, mama Anita daar beneden!”, roept Alex. “Je lieve zoon zit hier boven, als je hem zoekt!”

“Hou nou je mond, dommerd!”, sist Anna verontwaardigd.

Julia verontschuldigt Judith, die uitgerekend vandaag bij haar tante moet slapen.

“Ze was woedend”, doet Julia bericht. “Ze wilde echt graag met jullie afscheid meevieren, Lara-Lucy.”

Ze genieten ervan, in het donker nog een keer bij elkaar te zitten.

“We zullen jullie missen, tweeling”, zegt Sandra zachtjes.

“Intussen zijn we al zo aan jullie gewend”, vindt ook Alex.

“Blij ben ik, als jullie hier weer zijn”, zegt nu ook Anna.

“Zonder Lara-Lucy wordt het vast heel saai in de vijfde klas”, vermoedt Fabian.

“Wat een onzin eigenlijk, dat we wegmoeten!”, knort Lucy en bijt de tanden op elkaar.

Alleen Lara en Florian zeggen niks. Ze staren naar de helling, waar ze in de winter nog met elkaar geskied hebben. En naar het duistere massief van de Steinplatte, waar ze in de zomerzon gewandeld hebben. Lara slikt een paar keer. Ze merkt, dat Florian haar van opzij aankijkt en drukt haar ogen dicht...

“Ik wordt zo wakker”, denkt ze, “en dan was het maar een droom. Een hele, hele lange mooie droom.” Tegen 12 uur klimmen twee opgefokte, maar ook moeie gedaantes met hard kloppende harten weer naar binnen bij het raam. Sonny blaft blij. Geschrokken laten ze zich op hun bed vallen.

Alles blijft rustig. Snel doet Lucy het raam dicht, trekt de gordijnen dicht en trekt haar pyjama aan.

“Trusten, La”, mompelt ze en slaapt al diep.

Lara ligt nog lang wakker en vecht tegen de bijenzwerm in haar hoofd. Er schiet haar zoveel te binnen, wat ze in dat ene jaar hier in Waidring beleefd hebben...

Iedere keer weer ziet ze tussendoor een lachend jongensgezicht voor zich, zelfs tot in haar dromen.

Het valt de volwassenen in de drukte van het afscheid bijna niet op, dat de tweeling zo ’s morgens vroeg zulke kleine ogen heeft.

“Dag, oma! Doei,, opa!”, gaapt Lucy en omarmt ze nog even. “Tot gauw in oktober! Doei, doei en daaaaag!”

“Dankjewel, oma en opa!”, fluister Lara haastig. “Ik vind jullie zo lief! Het beste, Sonny en Balu!” En dan is ze al in de auto verdwenen, voordat ze ook nog een zakdoek nodig heeft.

Opa neemt oma in de arm, nadat ze lang genoeg met de grote handdoeken gezwaaid hebben. “Triest, mijn schat?”

“J..nee, mijn liefste!”, antwoord oma energiek. “Ze moesten toch een keer weer terug naar Duitsland, onze lieverds, na dit lange, lange jaar. – Zo, nu lopen we een grote honderonde voor de afleiding! Kom, roofdieren!”

Een uur later hoort opa de honden met hun vrouwtje vrolijk blaffend en fluitend het huis binnen komen. Maar als hij denkt, dat zijn vrouw tijd heeft, voor een gezellig kletspraatje, - nu ze weer zonder kinderen zijn, - dan vergist hij zich goed.

“Ik moet een poosje aan mijn schrijftafel wat doen”, verkondigt ze en verdwijnt in haar kamer.

Daar wacht een dik schrift met lege bladzijdes.

Oma denkt een ogenblik met dichtgeknepen ogen na, neemt een pen en begint te schrijven:

Hoofdstuk 1: We gaan naar Tirol

„Laaaraa! Luuucyy! Hoe ver zijn jullie?“

Opa’s harde stem is door het hele huis tot in de kinderspeelkamer in de kelder te horen...